Bertl Sonnleitner

VOM ZAUBER ALTER WEGE

Zwischen Donau, Pyhrn und Hochschwab

Leopold Stocker Verlag
Graz – Stuttgart

Gedruckt mit Unterstützung von
Forster Verkehrs- und Werbetechnik GmbH., Waidhofen/Ybbs, Welser Profile AG, Ybbsitz,
Verein Kulturpark Eisenstraße-Ötscherland, Verein zur Förderung der heimatkundlichen Forschung
im Bezirk Amstetten, Raiffeisenbank Ybbstal

Der Schutzumschlag zeigt vorne die Ennsenge (Kripp-Klamm) bei Großreifling/Stmk. Links der im Jahre 1998 wieder begehbar gemachte Treppelweg

Bild auf Seite 1:
Gegenüber dem Radstatthof in Landl/Stmk. befindliches Wegkreuz

Alle Aufnahmen vom Autor, mit LEICA M3/M6; SUMMICRON 1:2/35,50,90 mm

Hinweis:
Dieses Buch wurde auf chlorfreiem Papier gedruckt.
Die zum Schutz vor Verschmutzung verwendete Einschweißfolie ist aus Polyethylen chlor- und schwefelfrei hergestellt. Diese umweltfreundliche Folie verhält sich grundwasserneutral, ist voll recyclingfähig und verbrennt in Müllverbrennungsanlagen völlig ungiftig.

ISBN 3-7020-1058-0
Alle Rechte der Verbreitung, auch durch Film, Funk und Fernsehen, fotomechanische Wiedergabe, Tonträger jeder Art, auszugsweisen Nachdruck oder Einspeicherung und Rückgewinnung in Datenverarbeitungsanlagen aller Art, sind vorbehalten.
© Copyright by Leopold Stocker Verlag, Graz 2004
Printed in Austria
Layout: werbegraphik-design Gernot Ziegler, 8054 Graz
Druck: Druckerei Theiss GmbH, A-9431 St. Stefan

INHALT

Vorwort
Seite 7

Fußwallfahrt nach Wildalpen
Seite 9

**Ein Tag an der
ehemaligen Proviantstraße**
Seite 41

**Mit den Deutschmeistern
über den Dürrenstein**
Seite 59

**Durch das Prollingtal und
die Noth nach Ybbsitz**
Seite 89

**Die Venedigerstraße – ein alter
Verkehrsweg über den Pyhrn**
Seite 109

Der Enns entlang
Seite 131

Die Eisenstraßen
Seite 163

DANK

Hatte ich mir anfangs vorgenommen, allein den alten Wegen nachzugehen, traf ich doch immer wieder auf Menschen, deren Wissen, deren Engagement, ja deren Liebe zur Heimat mich faszinierte. Die mich etwa über den Hochschwab oder den Dürrenstein begleiteten und mir die Schönheit der Berg-, Tier- und Pflanzenwelt näherbrachten. Die mir Einblick in das frühere wie auch heutige Leben an der ehemaligen Proviantstraße gewährten. Oder, deren jahrzehntelange Arbeit in musealer und denkmalpflegerischer Hinsicht mich, etwa bei meiner Geschichte über die Enns, auf den Gedanken brachte, nicht nur von Fuhrleuten, Flößern und Schiffern, sondern auch von Kostbarkeiten an ihren Ufern zu erzählen. Die mir auf der Pyhrnroute zur Seite standen. Die mir Literatur bzw. Daten zur Verfügung stellten. Letztlich, die mir auf andere Weise Türen öffneten oder überhaupt erst zum Betreten sonst Wanderern nicht zugänglichen Gebietes ihre Zustimmung gaben.

Ihnen zu danken, ist mir an dieser Stelle ein Bedürfnis. Möge am Ende aller Wege der Anfang stehen, der Beginn zu einem neuen Verständnis der Eisenwurzen.

VORWORT

Galten meine bisherigen Arbeiten in erster Linie den Menschen sowie der Kultur der Eisenwurzen, beschäftigt sich das vorliegende Werk mit alten Straßen und Wegen dieser Region, den landläufig so bezeichneten, aber auch in übertragenem Sinn gebräuchlichen, den Flüssen. Den Fuhrleuten, Säumern, Wallfahrern. Den Flößern und Schiffern auf den Wassern der Enns – es schildert Dinge, die endgültig vergangen, solche, die da und dort noch am Leben erhalten oder erst jüngst wieder vom Tourismus entdeckt worden sind.

Die Geschichten erzählen von Zeiten, in denen noch der Handel mit Venedig blühte, man hier erzeugte Waren dort etwa gegen Gewürze und südländische Früchte tauschte, bis auch der Glanz der Lagunenstadt verblich und man sich andere Märkte suchen mußte. Als die Wege, auf denen vom Erzberg das Eisen heraus sowie die Nahrung ins Gebirge hinein verbracht wurden, noch schmal, nach Regengüssen überschwemmt und oft Wochen unpassierbar waren. Als es noch den Robot gab, um sie zu erhalten, die Mautner, die Überreiter sowie die Schnallensperrer zur Wahrung staatlicher, oft genug auch privater Interessen. Es beschreibt aber auch, was aus den einstigen Treppelwegen geworden ist, aus den Speichern, den alten Gasthäusern und Tavernen. Wo die Straßen heute sind, warum Kreuze oder Kapellen plötzlich einsam mitten in den Feldern stehen, so, als hätte man neben deren ehemaligen Verläufen auch sie vergessen.

Es war ein langgehegter Wunsch von mir, solchen früher über Berge und durch Täler führenden Verbindungen nachzugehen. Ich pilgerte daher mit Gleichgesinnten von Tragöß über den Hochschwab nach Wildalpen, folgte den Spuren der Proviantenhändler von der Donau hinein nach Eisenerz, ebenso jenen einst vor der Gefangennahme durch die Franzosen über den Dürrenstein ins Steirische flüchtender österreichischer Soldaten. Ich entdeckte das Prollingtal, dann die Noth bei Ybbsitz und fuhr entlang der Enns bis Steyr sowie über den Pyhrn nach Micheldorf. Es waren schöne Tage in einem wunderbaren Land, als ich den Zauber alter Wege suchte und ihn in überreichem Maße fand.

Ybbsitz, im Herbst 2004

Der Hochaltar der Pfarr- und Wallfahrtskirche Wildalpen / Stmk. mit dem Gnadenbild von 1669

FUSSWALLFAHRT NACH WILDALPEN

Für zwei seiner Tage bin ich diesem Sommer besonders dankbar. Wenn ich unter Menschen bin, die Jahr für Jahr acht, neun, zehn Stunden über die Berge gehen, ihre Sorgen und Ängste vor der Gottesmutter niederlegen und anderntags dieselbe Strecke wieder auf sich nehmen, um ein Gelübde zu erfüllen, von dem die Überlieferung sagt, daß es im letzten Auftreten der Pest in der Steiermark Anfang des 18. Jahrhunderts seinen Ursprung hat. Vielleicht weiß es die Pfarrchronik doch besser, die dafür erst die beginnenden sechziger Jahre des 19. Jahrhunderts angibt. – Wie auch immer, sie stehen dazu, jene Tragößer, die oftmals selbst dabei waren, aus Altersgründen nun aber nicht mehr können. Ältere und Junge, längst auswärts Lebende und Einheimische; kurz, jene verschworene Gemeinde, der auch ich mich um den Großfrauentag des Jahres 2001 angeschlossen habe, als es wieder einmal über den Hochschwab nach Wildalpen ging. Und wenn man auch dieses Mal nichts von großen Wundern hörte – für mich geschah ein kleines: daß ich im Frühjahr von dieser Wallfahrt überhaupt erfahren habe, daß die Sonne schien und daß ich mithalten konnte, als es soweit war.

Ich wollte nichts dem Zufall überlassen und fuhr deshalb bereits Wochen zuvor das erste Mal in meinem Leben nach Tragöß. Der kleine, nahe dem Grünen See in einem Talkessel am Fuß der Meßnerin und der Pribitz im Oberen Lamingtal gelegene Ort beeindruckt mich. Blumengeschmückte Häuser, freundliche Menschen und, auf den ersten Blick fast ein wenig unnahbar, am Rand die mittelalterliche Kirche. Dennoch: Hat man erst die steile, wenn auch kurze Zufahrt überwunden, weisen Tore durch dickes Mauerwerk auch hier den Weg und laden den Besucher zur Einkehr.

Ganz entgegen meinen sonstigen Gewohnheiten beschäftigen mich die Reste gotischer Fresken an ihrer Außenseite, der Altarraum sowie die Baugeschichte des Gotteshauses kaum. Auch dient mein Gang durch den Friedhof eher der Orientierung, der umgebenden Landschaft, als so manchem in seiner Schlichtheit beeindruckenden Grab. Vielmehr sind es jene seit meiner Ankunft aus dem Pfarrhof dringenden Stimmen, die meine Aufmerksamkeit erregen. Ob sich hier nicht eine Gelegenheit fände, Näheres über die Wallfahrt zu erfragen?

Auf mein Läuten öffnet mir eine in Ordenstracht mit hochgekrempelten Ärmeln in der Tür auftauchende Frau. Nein, sie selbst habe daran noch nie teilgenommen, aber bei Schwester Sigrid könne ich es versuchen. Diese sei, Gott weiß wie oft, schon dabei gewesen, kenne seit Jahrzehnten hier alle und wäre genau die Richtige.

Die Spitze der bereits weit auseinandergezogenen Wallfahrergruppe beim Anstieg zur Sonnschien-Alm

Geduldig stellt sich die Angesprochene kurz darauf in der Pfarrkanzlei meinen Fragen. Das genaue Datum und die Zeit des Abmarsches interessieren mich, der Weg, die Ankunft in Wildalpen. Wo genächtigt werde und ob Auswärtige wie ich überhaupt willkommen seien? Von meinen Büchern spreche ich sowie von der Absicht, später vielleicht darüber zu schreiben und das Ganze mit Bildern zu versehen.

Da sie selbst dazu nicht viel sagen könne, meint sie, ich solle drüben, einige Häuser weiter zum Leitner gehen. Er wäre nämlich jener, welcher für deren seit Jahrhunderten immer gleichen Ablauf verantwortlich sei. Der jeweilige Besitzer des Hofes stelle samt seiner Familie und der Verwandtschaft auch die weitaus größte Zahl der Teilnehmer, so daß ich gut beraten wäre, zuerst mit ihm zu sprechen. – Dann fallen auf meine Frage nach markanten Punkten des Weges, Namen wie Klammböden und Klamm, Sonnschien-Alm, Schafhalssattel und Kreuzpfäder, wobei letzterem im Hinblick auf das Schmücken des mitgetragenen Holzkreuzes immer eine besondere Bedeutung zukomme. Ein Kranz aus unterwegs gepflückten Alpenblumen sei es nämlich, der dort gebunden und an ihm befestigt würde, was ebenfalls seit jeher der Tradition entspreche.

Den Bauern selbst treffe ich bei meinem Besuch im nahegelegenen Hof nicht. Es ist seine Frau, der ich meine Bitte vortrage. Zwar selten, aber hin und wieder doch, sagt sie, seien schon Leute meines Schlages hier gewesen. Und nachdem einer, der etwas Ähnliches vorgehabt hatte, samt seinen Filmen auf halber Strecke liegen blieb, warum sollte es nicht wieder einmal jemand anderer versuchen?

Derart bestärkt, verlasse ich den Ort, fahre zwei Wochen später nach Wildalpen ans nördliche Ende des Hochschwab und beginne meine Erkundungstour dort.

Von vielen verschiedenen Orten ist man einst zur „Wildalpmerischen Gnadenmutter" gezogen – heute sind nur die Tragößer übriggeblieben, erzählt mir der Pfarrer. Dabei gehört das in der Barockzeit errichtete, mit einem westseitigen Turm versehene Gotteshaus zu den bedeutendsten Kirchenbauten des 18. Jahrhunderts im gesamten Enns- und Salzatal, dessen Grundsteinlegung 1728, die Fertigstellung 1731 erfolgte. Vorher freilich, vermochte auch schon ein einfaches Marienbild Pilger anzuziehen, bis sogar eine darüber erbaute Kapelle sowie die fallweise Abhaltung von Gottesdiensten den Ansprüchen nicht mehr genügte, ein ständiger Seelsorger Einzug hielt und Wildalpen 1729 zur Pfarre erhoben wurde. – In der Folge ließen bekannt gewordene Erhörungen die am Weg nach Mariazell vorbeiziehenden Wallfahrer gerne auch an dieser Stätte verweilen. Sie kamen aber auch aus Eisenerz und Aflenz, aus Hollenstein und Göstling, ja ebenso aus Rottenmann und Schladming und – was im Mirakelbuch von 1740 zwar noch nicht ausdrücklich erwähnt ist – vielleicht auch schon aus Tragöß.

Das Weitere verrät mir die seit meiner Arbeit über Herrenhäuser in der Eisenwurzen auf meinem Schreibtisch stehende „Geschichte der Gemeinde Wildalpen". Von Grenzstreitig-

Kreuzträger auf dem Weg zwischen Steinerner Stiege und Zumach

keiten ist hier die Rede, von der Bedeutung des Stiftes Admont, von Holz, Jagd und Fischerei. Der mit dem Wasser verbundene wirtschaftliche und kulturelle Aufstieg des Ortes wird geschildert, Erzherzog Johann, der Wiener Bürgermeister Dr. Karl Lueger und weitere prominente Persönlichkeiten tauchen darin auf.

Wie bereits das bei meiner Ankunft noch im Schatten liegende, unmittelbar vor der Einmündung des Säusenbaches in die Salza etwas oberhalb befindliche prachtvolle Gewerkenhaus sind mir auch andere Dinge auf meinem Weg nicht unbekannt. Was mich allerdings auf der damit gar nicht vergleichbaren, weitaus längeren, der Hälfte der im Falle meiner Beteiligung an der Wallfahrt auf mich zukommenden Strecke erwartet, ist Neuland. Ich schaffe sie trotzdem. Gehe in gut einer Stunde am Antonikreuz vorbei, erreiche weit vor Mittag die Kreuzpfäder, genieße das Wandern durch den letzten Wald und stehe staunend vor den Felswänden des Großen Griesstein.

Überhänge, Geröll, eigenartig abgeschliffene riesige Steinplatten und immer wieder Ausblicke in die Landschaft begleiten mich durch Latschenbewuchs auf einem schmalen Steig gegen Südwesten. An einer Stelle dringt Wasser aus der Wand, es wird jedoch alsbald zusammengefaßt und versorgt eine darunter liegende Wildtränke. Heftiger Wind schlägt mir ins Gesicht, über den Kamm herziehende Nebel verheißen nichts Gutes – da, plötzlich, hinter einer Biegung, die direkte Sicht auf mein Ziel und wenig später sogar die Sonne. „Schafhalssattel 1557 Meter" verkündet ein Schild. Ich gehe noch ein kurzes Stück weiter, dann auf dem gleichen Weg zurück, wieder an den Überhängen vorbei, durch Geröll und über die eigenartig abgeschliffenen Steine ...

Es ist Anfang August, als ich das zweite Mal in Tragöß bin. Wieder, um mich einzugehen, günstige Standorte für meine erhofften Fotos auszukundschaften und um diesmal von dieser Seite aus den Schafhalssattel zu erreichen. – Unten im Wald tragen Orientierungstafeln mir bereits bekannte Namen, eine Stunde bis in die Klamm, drei Stunden auf die Sonnschien-Alm werden angekündigt. Noch läßt die Kühle des Morgens von der seit Tagen im Land herrschenden, auch heute wieder zu erwartenden Hitze nichts ahnen. Bald nur mehr zwischen herandrängendem Fels und Wasser das immer steiler werdende Gelände aufwärts schreitend, liegen plötzlich mit Baumgruppen bewachsene Weideböden vor mir. Interessiert beobachten Schafe mein Kommen, und da ich wegen des Morgentaues lieber auf der bergseitig dahinführenden Straße bleibe, störe ich die da und dort friedlich dahingrasenden Rinder kaum.

Was bisher eher einem flotten Spaziergang gleicht, ändert sich jedoch mit dem Näherrücken des Talschlusses. Anfangs nur über in den Stein gehauene Stufen sowie an Drahtseilen geht es anschließend freier, allerdings ebenso steil aufwärts, und obwohl auch hier noch immer der Wald vor der nun schon höher stehenden Sonne schützt, komme ich zum ersten Mal an diesem Tag ins Schwitzen. Als eine Tafel die Zeit bis zum Ausstieg und der ersehnten Rast mit nicht einmal mehr einer Stunde angibt, verschnaufe ich kurz, lasse von oben kommende Wanderer vorbei und schaue zurück auf die jetzt schon im hellen Licht

Mittagsgebet am Schafhalssattel

daliegenden Wände der Meßnerin, auf die Pribitz und das ganze unter mir liegende Tal. Ob der Abstieg ähnlich anstrengend wird? Ich greife kurz nach meinen hinten am Rucksack befestigten, in solchen Fällen sehr hilfreichen Stöcken, steige wieder auf den Weg und gehe ohne Unterbrechung und ohne noch jemandem zu begegnen bis zur Sonnschien-Alm.

Der übliche, auf Schutzhütten um diese Jahreszeit herrschende Betrieb lockt mich nicht. Vielmehr sind es die von hier in alle Richtungen, teils auf die umliegenden Gipfel wie den Großen und Kleinen Ebenstein, den Brandstein, den Hochschwab, teils auf andere Ziele zeigenden Hinweisschilder, die mich interessieren. Doch erst als ich meine Karte zu Hilfe nehme, entdecke ich, was ich suche: den nach Nordwesten weiterführenden Weg zum Schafhalssattel.

Durch oft nasse, von Latschen und niederem Baumbewuchs bedeckte Hochflächen geht es weiter. „Die Zumach" nennt sich die höchste, mit knapp über 1.700 Meter bezeichnete Stelle. War es vorhin noch heiß und fast windstill gewesen, zieht jetzt angenehme Kühle den Hang herauf. Ganze Viehherden bevölkern den unter mir liegenden ausgedehnten Almboden – spontan beschließe ich angesichts des nun wieder steil abwärts führenden Weges, es ihnen gleichzutun und statt mich womöglich noch im allerletzten Teil einer Gefahr auszusetzen, vorerst die Aussicht zu genießen.

Als ich dabei in einiger Entfernung den mir bereits bekannten Übergang nach Wildalpen entdecke, ist es überhaupt getan. Ich erliege der Verführung, folge dem Pfad nur mehr mit meinen Blicken, lege mich in das kurze, herrlich weiche Gras und wähne mich am Ziel.

Der Rückweg ist beschwerlich, aufgrund der abnehmenden Höhe wird auch die Hitze wieder spürbar. Der Marsch über Wurzeln, abgetretene, glatte Steine, die steile Klamm und die nachfolgenden Böden zieht sich, schier endlos ist der Wald – fast scheint es, als ob man ihn eigens geschottert hätte, den Weg hinunter ins Tal. Ich bin müde und glücklich zugleich – Tragöß hat mich wieder, bis zum nächsten Mal, wenn sich am Morgen des 14. August die Wallfahrer sammeln, ihren für zwei Tage anberaumten jährlichen Gang über den Berg antreten und ich unter ihnen bin.

Kurz darauf ist es soweit. Eine nun schon längere Zeit andauernde Schönwetterperiode scheint sich auch noch über die Wochenmitte fortzusetzen – zumindest die Voraussagen im Radio lassen solches vermuten. Dennoch verstaue ich ganz unten im Rucksack den Regenschutz und rufe, während ich mein Schuhwerk kontrolliere, ein letztes Mal alle zuständigen Heiligen an, mich gerade jetzt nicht zu verlassen. Bei Sturm und Nebel über den Hochschwab zu gehen, mag auch für Wagemutige nicht gerade ein Vergnügen sein, aber für mich, der ich vor allem der Fotos wegen immer lieber bei guten Verhältnissen unterwegs bin, hätte das wohl das Ende bedeutet: Was hieße, auf nächstes Jahr warten zu müssen, wieder zu hoffen, zu bangen, und dann vielleicht ebenso enttäuscht zu werden.

Statt dessen spannt sich während eines Großteils meiner nächtlichen Fahrt von Ybbsitz nach Tragöß ein sternenklarer Himmel über das Land. Anfangs noch von der da und dort

Westseite des Großen Griesstein (2.023 Meter)

sichtbaren Sichel des Mondes begleitet, verschwindet diese jedoch ganz, als ich vor Palfau die niederösterreichisch-steirische Grenze sowie kurz darauf die Salza und die Enns erreiche. Hieflau und das Erzbachtal liegen noch im Dunkeln, auch Eisenerz. Lediglich die von Scheinwerfern hell angestrahlte Pfarrkirche und der Schichtturm lenken meinen Blick kurz von der Straße, dann geht es in weiten Kurven den Berg hinauf. Habe ich bisher den Eindruck gehabt, allein des Nachts unterwegs zu sein, tauchen plötzlich nun auch andere Lichter auf – entgegenkommende Fahrzeuge, auf der Höhe des Präbichl die erleuchteten Fenster mehrerer Häuser und bald jene von Vordernberg.

Leoben, Bruck an der Mur, eintönig blinkende Ampeln gebieten plötzlich halt, geben wieder frei – vor den noch schlaftrunkenen Toren der Stadt wird es langsam Morgen. Der Frühverkehr hat eingesetzt. Menschen stehen an den Straßen, an Haltestellen; Autos, Busse nehmen sie auf, entledigen sich ihrer wieder und beginnen die Runde von neuem. Eine Stimme aus dem Radio verspricht auch heute sowie die nächsten Tage noch schönes Wetter. „Tragöß 24 Kilometer" steht auf einer Tafel, ich biege nach links, fahre in Richtung Norden vorbei an Häusern, kleinen Dörfern, geradewegs wieder den Bergen zu. „St. Kathrein an der Laming" lese ich, weiter taleinwärts „Oberdorf", „Unterort" und „Pichl". Da ich zeitlich gut unterwegs bin, halte ich auf der letzten Anhöhe. Im Vordergrund der mir nun schon bekannte Ort, dahinter der Talschluß, die Meßnerin, die Pribitz und, von hier aus noch nicht sichtbar, zwischen beiden, die Klamm.

Was wird wohl werden, wenn die für diesen Tag vorhergesagte Hitze auch das darüber liegende Gelände erreicht? Andererseits, so sinniere ich, könnte, der weit früheren Stunde wegen, der Anstieg auf die Sonnschien-Alm heute doch weniger anstrengend sein als beim letzten Mal? Wie werden die Leute sein, was wird werden, wenn ich doch nicht durchhalte? Damals bin ich mein Tempo gegangen, jetzt gehen die anderen das ihre. Was ist, wenn ...

Ein Blick auf die Uhr heißt mich solche Gedanken beenden. Ich fahre das letzte Stück ins Dorf, stelle mein Auto auf den um diese Zeit noch fast leeren Parkplatz und bin einige Minuten später beim Fölzerkreuz.

„Die Tragößer Pfarrkirche samt dem Turm könnte man schon hineinstellen", antwortet ein Einheimischer auf meine Frage nach dem von weitem sichtbaren Loch in den über uns aufragenden Felswänden der Meßnerin. Als ich weiter neugierig bin, fährt dieser fort, daß es sogar mehrere Geschichten über dessen Entstehung gäbe. Was wirklich dahinter stecke, wisse er nicht, aber als Kind habe er noch daran geglaubt, sei vor Jahren sogar einmal mit Hilfe eines Freundes hinaufgeklettert und wäre von seiner Größe überwältigt gewesen.

Der heute mitten im Leben stehende kräftige Enddreißiger geht schon einige Zeit neben mir einher. Seit wir, eine Gruppe von etwa fünfundzwanzig Männern, Frauen, Jugendlichen, aber auch noch halben Kindern, um sechs Uhr früh draußen bei der besagten Kapelle aufgebrochen sind, ist eine dreiviertel Stunde vergangen. Am Anfang stehen Händeschütteln, gegenseitiges Kennenlernen und meinerseits die Bitte an den Leitner, mich der Wallfahrt

Frauen beim Binden des Blütenkranzes auf dem Kreuzpfäder

anschließen zu dürfen. Dann werden die Häuser rasch weniger, der Wald nimmt uns auf, es geht geradewegs in Richtung Klamm. Vorne das Kreuz, dahinter einzeln, meist jedoch zu zweit, zu dritt nebeneinander, die Übrigen. Nun, da wir uns unmittelbar unter jener geheimnisvollen Öffnung befinden und mein Gesprächspartner sichtlich mehr darüber weiß, lasse ich nicht locker und bitte ihn, ob er mir diese Geschichten nicht erzählen könne?

Da die nur mäßige Steigung des Weges es zuläßt und dieser auch derzeit keine besondere Aufmerksamkeit erfordert, beginnt er. – Also, daß hier ein mächtiger Zyklop der Vorzeit zu Stein geworden sei und nur das Auge noch lebe, sei nur eine der Mären. Die anderen seien wahrscheinlicher, würden sie doch eher auf in der Bevölkerung viel mehr verwurzelte Dinge Bezug nehmen, zudem seien sie lustiger und hätten trotz mancher Unglaublichkeiten womöglich noch einen wahren Kern.

So hatte vor vielen Jahren einst ein Pfarrherr eine gar eigenwillige Köchin in Diensten. Sie schimpfte und fluchte gern, machte, ging alles nicht so glatt, wie sie wollte, auch am Herd davon Gebrauch, erfüllte das Haus selbst zu heiligen Zeiten mit ihrem Gezeter, so daß früher oder später sogar der Teufel auf sie aufmerksam wurde. Als sie einmal zu Weihnachten am Ende einer Rauhnacht frühmorgens in der Küche stand und das Feuer nicht und nicht brennen wollte, legte sie wie üblich los, bis ein Windstoß die Tür aufschlug und der Leibhaftige hereinfuhr, der sie trotz heftigen Widerstands packte und mit ihr durch den offenen Kamin das Weite suchte. Einmal draußen, flog er mit dem schreienden Weibsbild dem Hochschwab zu, hatte aber weder ihr Gewicht noch das ihm alle Macht raubende Frühgeläute der Kirchenglocken bedacht, so daß er regelrecht in Not geriet, die Höhe der Meßnerin zu erreichen. Es blieb ihm demnach gar nichts anderes übrig, als alle Kraft zusammen zu nehmen, mit seinen Hörnern gegen die Felswand zu rennen und samt der Köchin ein Loch durch den Berg zu schlagen. – Ob diese, wie erzählt wird, noch heute darin wohnt, die Winde aus der Klamm betreut, sie stürmend um die Kampelwand führt und böse Wetter bringt, sei nicht erwiesen, meint mein Begleiter lachend. Auf jeden Fall sei es für manche Frauen auch unserer Zeit vielleicht ganz gut, das Meßnerinloch nicht nur als reine Laune der Natur zu sehen.

Dann weiß er noch von einer bildhübschen Sennerin zu berichten, die der Teufel aus einem anderen Grund entführt haben soll. Als er nämlich als Jäger verkleidet um sie warb, diese ihm jedoch einen Wildschütz vorzog, fuhr er gleichfalls mit ihr in die Lüfte, fand in der finsteren Nacht nicht den Eingang in die Klamm und stieß ebenso gegen den Berg.

Warum es zwischen jenem Gelände, in dem wir uns jetzt befinden, dem Greith – dessen Bezeichnung auf die in früheren Zeiten bei Gefahr dort abgebrannten, weit in das Lamingtal hinaus sichtbaren Signalfeuer zurückgeht – und der Klausen noch einmal bergab geht, erfahre ich von anderer Seite. Ein wahrscheinlich in der Eiszeit von beiden Hängen ins Tal donnernder Felssturz sei dafür verantwortlich. Nichts Seltenes in dieser Gegend, heute freilich höchstens mehr für müde Wanderer von Bedeutung. Nicht sofort, dafür morgen

Die müde, aber glückliche Wallfahrergruppe beim Antonikreuz

auf dem Rückmarsch könne ich es selbst verspüren, was es heißt, so knapp vor dem ersehnten Ziel noch einmal den Schritt wechseln zu müssen.

Zu unserer Linken bildet der aus der Klamm fließende Bach nun einen kleinen Weiher, später zieht ein Rotwildgatter meine Aufmerksamkeit auf sich. „Ungefähr 150 Hirsche und Rehe kommen hier im Winter von den umliegenden Höhen zusammen und werden durchgefüttert", wird mir bedeutet. „Übrigens ist das ganze Gebiet auch eines der besten Gamswildreviere, sogar Steinböcke sind wieder heimisch geworden," heißt es weiter. Anschließend geht es auf Schotter zwischen Fels und Wasser steil bergauf, ein Brunnen spendet noch einmal sein köstliches Naß – eine gute Stunde nach dem Abmarsch in Tragöß hat unsere Gruppe das sogenannte Eck am Eingang zu den Klammböden erreicht.

Erstmals gibt es eine kurze Rast. Einige Einheimische sind dazugekommen, und während die Kreuzträger sich formieren und Hände nach den Rosenkränzen suchen, beginnt mit einem „Vaterunser" das Eigentliche der Wallfahrt, bis am Ende der Straße das Gebet verklingt, sich alles wieder auflöst und einer nach dem anderen den Aufstieg über die Stufen des Baumgart in Angriff nimmt.

Geht der Blick einmal nicht nach oben oder Tritt suchend auf den Boden, fällt er rechts senkrecht in die Tiefe. Eiserne Steighilfen, Hölzer und in den Fels gerammte geländerartige Handläufe helfen jedoch auch eher Ungeübten wie mir, das Steilstück problemlos zu überwinden. Da ich um den weiteren Verlauf des Steiges weiß und die anläßlich meiner „Erstbegehung" bereits ausgekundschafteten möglichen Aufnahmestandpunkte das Überholen der Vorangehenden erfordern, setze ich einiges zu, komme, nach Luft ringend, schließlich sogar am Kreuzträger vorbei und beziehe knapp vor dessen Eintreffen Stellung. Wieder zieht die gesamte Gruppe an mir vorüber. „Schattfeichta," höre ich, soll dieses nun bald hinter uns liegende Gelände seit altersher heißen. Vorhin Baumgart, jetzt Schattfeichta. Es fallen weitere Ausdrücke, deren Bedeutung mir noch einige Zeit unklar bleiben soll. Bis, ja bis ich wenig später zum ersten Mal mit jenem Mann ins Gespräch komme, der hier aufgewachsen ist, unendlich viel weiß und dem ich schließlich einen Gutteil dieser Geschichte verdanke.

Vorher jedoch gilt alles noch viel näher liegenden Dingen. Ging es eben an den überhängenden Felsen noch etwas flacher vorbei, fordert mich kurz darauf die einem ausgewaschenen Rinnsal gleichende, über Stock und Stein nach oben führende nächste Etappe bereits wieder, die nun schon recht kräftige Sonne tut ein Übriges, und da ich ohnehin um den nicht mehr allzu fernen Ausstieg weiß, nütze ich eines der im Schatten liegenden weichen Graspölster, setze mich darauf und raste. Doch schon belehren mich Scharen von Ameisen eines Besseren. Immerhin, für einen Schluck aus der Flasche sowie einen Apfel reicht es. Dann suche ich das Weite, schultere erneut meinen Rucksack und setze den Weg fort.

Im Siebenseengebiet zwischen Antonikreuz und Hartlsee

Als ich es nach einiger Zeit dann wirklich geschafft habe und rechts unter mir den Edelboden, vor mir die Sonnschien-Alm sowie darüber die Vorberge des Hochschwab sehe, sind es einige Nachzügler, zu denen ich aufschließe. An der Ruine der alten Fölzer Hütte, in die vor Jahren der Blitz eingeschlagen hat, einem Wegweiser und dem Gebimmel von Viehglocken vorbei, gehe ich bald wieder in der Gruppe, höre, wie als nächster gemeinsamer Treffpunkt der Schafhalssattel genannt wird und es jetzt jedem frei stünde, entweder einzukehren oder weiterzugehen. So könne man sich vielleicht unterwegs auch mehr den Blumen, den Schmetterlingen und der Aussicht widmen, auf jeden Fall jedoch sollte man das dort für halb Zwölf angesetzte Mittagsgebet nicht versäumen.

Obwohl mir von meinem ersten Besuch her die etwas abseits auf einer Anhöhe stehende, den beiden Heiligen Hubertus und Leonhard geweihte Kapelle nicht neu ist, gehe ich wieder auf sie zu und betrachte das in ihrem Inneren angebrachte, von einem heute nicht mehr lebenden bekannten Jagdmaler aus St. Marein im Mürztal stammende Bild. „Den Winter über ist es im Tal", klärt mich jener vorhin Erwähnte, der zwar schon öfter in meiner Nähe, bisher jedoch immer stumm geblieben war, auf. Viel eher interessierte ihn bisher die Umgebung, gewisse Stellen an den Hängen oder Felsen fixierte er förmlich, so daß ich ihn, auch seiner Kleidung, des Rucksackes und Regenüberhanges wegen, für einen Jäger oder Forstmann hielt. Als ich ihn frage, ob er die Gegend kenne, von hier stamme und schon öfter bei dieser Wallfahrt dabeigewesen sei, geht ein Lächeln über das Gesicht des etwa Sechzigjährigen: „Kann man wohl sagen", meint er, und meine weitere Frage, ob ich mich ihm für eine Weile anschließen könne, bejaht er sogleich.

Einige Zeit wieder schweigsam, dann den Spieß plötzlich umdrehend, will er den Grund meiner Teilnahme wissen. Der Fotoapparat sowie meine Neugierde beschäftigen ihn scheinbar ebenso, und, was ich mir vom ersten Moment unserer Begegnung gewünscht habe, es entwickelt sich von da an mit ihm ein Gespräch, das zwar immer wieder unterbrochen wird, wenn es wegen des Geländes, des Gebetes oder anderer Umstände nicht möglich ist, das ich aber stets von Neuem suche, dem er nie ausweicht und das schließlich fast über zwei Tage geht.

Also, was es mit dem Wort „Baumgart" auf sich habe, wisse er selbst nicht so genau. Anders die Bezeichnung „Schattfeichta". Dieses Wort bezeichne das Vorhandensein schattenspendender Fichten, beginnt er. – Dann, als wir die Kapelle längst in Richtung Schafhalssattel verlassen haben, zeigt er mir Stellen wie die Steinerne Stiege oder die Wilde Kirche und hält in der Nähe des Sonnschien-Bründls inne. Die schönsten Blumen, meint er, blühten hier: Wenn es ein spätes Jahr ist, gedeihen zur Zeit der Wallfahrt oft noch der Petergstamm, ebenso der Almrausch, heuer allerdings nur mehr in schattigen Lagen, ebenso das Gelbe Ochsenauge, der Vierzähnige Strahlensame und, obwohl auch hier schon fast ausgerottet, drüben am Kreuzboden (=Kreuzpfäder) der Purpurrote Enzian. Ganz besonders prächtig seien die Kleine blaue Glockenblume wie alle Arten der Skabiose, von der Violetten, der Gelben, der Grauen bis zur Glänzenden. Die reinste Freude, wenn man

*Empfang durch den Ortspfarrer sowie Einzug
in die Pfarr- und Wallfahrtskirche St. Barbara zu Wildalpen*

zwischen ihnen dazu noch die Schmetterlinge entdeckt, auch schon ganz seltene wie den Alpenapollo, das Steinbrechwidderchen und andere Arten. Freilich sei auch die Kreuzotter anzutreffen, diese flüchte jedoch stets und wäre ihm in all den Jahren noch nie gefährlich geworden. – Er zerreibt einige Blüten und Früchte des Bergkümmels zwischen seinen Fingern, riecht einmal da, einmal dort und verrät mir zuletzt seine große Liebe, die Botanik. Ob es in diesem Gebiet auch das Edelweiß gibt?

Scheinbar habe ich hier eine ganz besondere Saite im Leben des in Tragöß geborenen, zuerst Forstwart und dann Forstverwalter gewesenen, heute pensionierten Hubert Sulzer angeschlagen. Hier nicht, meint er, aber drüben auf seinem Hausberg, dem Trenchtling, entdecke man dieses noch. Freilich, an schönen Tagen gäbe es auch viel zu viele Menschen, gerade er als für die Berg- und Naturwacht im Lamingtal Zuständiger wisse, wovon er spreche. – Schließlich fehlt, um meine Vermutung hinsichtlich seines Berufes völlig eintreffen zu lassen, noch der Jäger. Doch, ihn danach zu fragen, komme ich vorerst nicht. Vielmehr zieht die Tätigkeit einiger nachrückender Frauen meine Aufmerksamkeit auf sich. Sie brechen Zweige vom Kraut der Alpenrose, pflücken Margariten sowie vieles weitere auf der Wiese, binden es zu Sträußen und scheinen im Moment nichts anderes außer Blumen im Sinn zu haben. Als ich an einen Zusammenhang mit dem Schmücken des Wallfahrerkreuzes denke, bestätigt mir dies mein Begleiter. Außer bei den Latschen, die immer noch zu finden wären, biete sich hier wahrscheinlich die beste Gelegenheit, das Notwendige hiefür zu sammeln.

Am Fuße des Spitzkogels vorbei geht es in Richtung Zumach. Wieder so ein Wort, das für mich vorher fremd war, nun aber verständlich wird. Weidegrenzen, auch Gefahrenstellen für das Vieh hätten schon immer bestimmter Absperrungen bedurft, genauso aber auch der Vernunft, etwa durchführende Gatter hinter sich wieder zu schließen. Zuzumachen, sei daher einst nicht nur hier, sondern auch an anderen Stellen geboten gewesen, dementsprechend häufig und sogar auf unserem Wege mehrmals fänden sich solche Bezeichnungen.

   Dort einmal oben, führen steile, mit Geröll und Steinen übersäte Serpentinen auf den Spitzboden hinab. Der Blick auf den Brandstein wird frei, von der Sonnschien-Alm bis hierher aufgetriebene Rinder grasen auf der Weide und nützen die letzten Wochen dieses Sommers. Da ich mich hinter einer Senke plötzlich allein sehe, schließe ich zu dem vor mir gehenden, von seinem Besuch beim Meßnerinloch, der Geschichte von der fluchenden Köchin sowie dem Teufel bereits bekannten Mann auf, der, wie ich inzwischen weiß, ein Verwandter des Leitner ist und von allen „Töni" gerufen wird.

Als ich mich dann drüben auf dem Schafhalssattel, wo genügend Zeit ist, noch über das eine oder andere zu plaudern, neben ihn setze, erzählt er mir von der Wallfahrt. Daß man,

*Gebet und Meßfeier
vor dem Gnadenaltar*

soweit er es weiß, immer gegangen sei, sogar während des letzten Krieges, da solches verboten war. Wie oft er selbst schon daran teilgenommen habe?

Heute sei es das einundzwanzigste Mal, meint er, und weil er meine lange Unterhaltung mit dem Sulzer mitbekommen hat – dieser noch weit öfter. Allerdings habe es bezüglich der Teilnahme Ende der sechziger Jahre einmal auch ein Tief gegeben; nur er, sein Bruder, seine Schwester und deren Freund seien damals dabei gewesen. Dann habe die Zahl der Wallfahrer wieder ständig zugenommen. Fünfzehn, zwanzig, sogar an die dreißig Überzeugte wurden es mit der Zeit, und so gesehen wäre auch diese Gruppe gut unterwegs.

Als ich von Ausfällen, Problemen mit dem Gehwerk oder besonderen Vorkommnissen rede, meldet sich die bisher still dasitzende Schwester Sigrid zu Wort. Diese, welche ich bereits knapp nach meiner Ankunft in Tragöß getroffen habe, ist ebenfalls dabei. Das wievielte Mal, wisse sie eigentlich nicht. Aber wenn sie zurückdenke, sei es bis auf einige Kleinigkeiten immer gut gegangen, zumindest mit den Einheimischen, nur sie selbst hätte einmal schlapp gemacht und es am Rückweg nur bis zur Sonnschien-Hütte geschafft. Heute, da das Wetter nicht schöner sein könnte und einen nicht einmal hier heroben der Wind verbläst, ist sie zufrieden. Aber jetzt ließe sie uns wieder reden, lacht sie, auch zuhören sei schön.

Also eigentlich ist es ja eine Pfarrwallfahrt. Übrigens: die letzte von ehedem siebzehn aus der Umgebung, die einst nach Wildalpen gezogen sind. Und das Wetter? Das spielte natürlich stets eine besondere Rolle. – Hubert Sulzer sitzt jetzt ebenfalls in der Nähe; er weiß, daß ich ihm solches geradezu von den Lippen ablese, und fährt daher fort: Einmal stapfte man auf dem Heimweg von hier bis weit über die Almen im Schnee. Wind und Regen verleideten einem manchmal ebenfalls alles, sogar hier am Schafhalssattel das Beten. Ist man, wie er, an die dreißig Mal dabei, erlebt man schon einiges. Man kennt sozusagen jeden Stein, jede Mulde und sieht auch sonst allerhand. Dort unten, und damit zeigt er auf eine am Fuße des Brandstein gelegene sumpfige Stelle, dort unten am Wasserboden fänden sich heute noch die mit Steinen ausgelegten Wege, über die man früher mit Saumtieren Holzkohle von Wildalpen, weiter über die Fobis-Alm oder auch den Bärenlochsattel nach Innerberg und Erz von dort in umgekehrter Richtung zu den Tulleckschen Werkgaden an den Säusenbach trug. Andererseits sei das südlicher gelegene Gebiet einst den Vordernberger Radwerken gewidmet gewesen, und zwar insofern, als fast sämtliche dort benötigte Energie aus den Tragößer Wäldern kam.

Wo heute nach Erdrutschen unter riesigen Schutthalden etwa am Trenchtling oder auf der Pribitz noch da und dort abgehackte Lärchenstämme zum Vorschein kommen, gab es durch die radikale Nutzung regelrechte Verwüstungen. Von den Felsen weg bis ins Tal wurden die Bäume geschlagen. Überall gab es Kohlstätten, und wo nicht einmal mehr Tragtiere eingesetzt werden konnten, übernahmen Menschen deren Stelle. Tag und Nacht rollten die Wagen, war man unterwegs über Hieslegg und die Hohe Rötz nach Vordernberg. Seit Jahrhunderten drehte sich hier alles um das Eisen, meint er abschließend. Heute

Der nächste Tag:
Mittagsrast am Schafhalssattel

wissen das die Wenigsten mehr. Und wenn auch wir Alten solche Dinge nicht mehr weitergeben können, ist es überhaupt vorbei.

Als sich die Wallfahrer zur ausgemachten Zeit am Schafhalssattel eingefunden haben, rüstet alles zum Mittagsgebet. Kleine Zettel werden verteilt, das seitlich an den Latschen lehnende Kreuz rückt wieder in den Mittelpunkt, und dann erklingt das erste „Vaterunser" sowie „Der Engel des Herrn". „Gegrüßet seist Du Maria" heißt es abwechselnd, man betet zur Gottesmutter für die daheimgebliebenen Angehörigen, die Verstorbenen und die Armen Seelen im Fegefeuer, aber auch um günstige Witterung wie um eine gute Ernte.

Erst in den letzten Jahren wurde – nachdem er lange verschollen gewesen war – die Urfassung dieses Textes, der nur hier und zu diesem Anlaß verwendet wird, aufgeschrieben. „Der alte Leitner und der Lahrner hatten ihn noch im Kopf", klärt mich beim Abstieg der auf dem schmalen Steig nun hinter mir gehende Sulzer auf. Und weiters, daß wir nun auf dem sogenannten Sommerweg seien, jener direkt am Fuße der Schaufelwand erst vom Arbeitsdienst im Zweiten Weltkrieg geschaffenen Verbindung, während die alte, heute als Winterweg bezeichnete, über die Petzbodenleiten vorerst hinunter in die Silberne Schale und dann wieder hinauf entlang des alten Saumpfades verläuft.

Warum vom Silber die Rede ist, wisse er auch nicht, aber vielleicht glänzte dort einmal etwas beim Hinschauen besonders schön, meint er. Wieso aber das nördlich davon gelegene, mit Steinen übersäte und nur von vereinzelten Bäumen bewachsene Ödland „Schiffbrand" heiße, könne er erklären: Die Wildalpener verwendeten einst für den Holztransport auf der Salza nicht nur Flöße, sie benötigten etwa zum Fischen auch Boote. Man suchte daher nach mächtigen Stämmen, fand sie hier, und um sich das mühsame Aushacken zu ersparen, brannte man sie an Ort und Stelle aus. So geschehen vor etlichen hundert Jahren. Obwohl nur mehr aus Erzählungen bekannt, rechtfertige es jedoch die bis heute übliche Vorgangsweise, solche alte Bezeichnungen auch in neue Karten zu übernehmen.

Als wir zum Hirschenbrunn, jener mir von meinem Weg damals von Wildalpen herauf bereits bekannten Quelle, kommen, läßt er einige junge Leute vorbei.

Auch ich weiß um die eindrucksvollen, vor uns liegenden Überhänge, dränge nun meinerseits nach vorne und erwarte die sich hinter dem Kreuz auf mich zu bewegenden Wallfahrer. Ein, zwei Bilder, das Einlegen eines neuen Filmes dauert gerade so lang, wie die Gruppe noch sichtbar bleibt, dann geht es an einer links unterhalb des Steiges liegenden Jagdhütte vorbei in Richtung Kreuzpfäder.

Vorerst noch zwischen Kiefern und Lärchen einem alten Fahrweg folgend, beginnt von da an eine Forststraße. Woher wohl wieder diese Bezeichnung komme, möchte ich wissen: Früher kreuzten sich dort mehrere Pfade, wird mir bedeutet, heute ist es der Ausgangspunkt für eine der Touren auf den Großen Griesstein und, in Bezug auf unsere Wallfahrt, die letzte Rast.

Die Nordostflanke des 2.003 Meter hohen Brandstein vom Spitzboden aus

Abermals gilt die Aufmerksamkeit der Frauen den Blumen – später, da an besagter Stelle die Schätze ausgebreitet sind, geht man ans Werk. Geschickte Hände formen einen Kranz, stecken oben noch ein Latschenzweiglein dazu und befestigen das Ganze am Kreuz. „Noch einmal so schwer ist es", seufzt einer seiner Träger, hält es aber dennoch zum Zeichen des Aufbruchs in die Höhe, bevor es anschließend über das Antonikreuz, Siebensee und die Winterhöhe hinaus an die Salza geht.

Hatte man am Schafhalssattel, der übrigens früher Schafwaldsattel hieß und über den gleicherweise die Grenzen zwischen den Gemeinden Tragöß und Wildalpen sowie die der Bezirke Bruck an der Mur sowie Liezen verlaufen, bereits der Gemeinde Wien gehörenden Besitz betreten, gelangt man nun in eines der für die II. Hochquellenleitung einst erschlossenen Gebiete. Als den Wallfahrern dort bald ein Brunnen Abkühlung verspricht, gedenkt man auch der Blumen, steckt, bevor es weitergeht, den Kranz samt dem Kreuz kopfüber ins Wasser und stärkt sich und die Blüten für das letzte Stück des Weges.

Wurde drüben am Eingang zur Klamm mit dem Freudenreichen Rosenkranz begonnen, ist es jetzt das erste der schmerzhaften Geheimnisse, welches der Leitner anstimmt. „Jesus, der für uns Blut geschwitzt hat", „Jesus, der für uns gegeißelt worden ist" – die Leiden des Herrn werden angesichts der da und dort aufkommenden eigenen noch spürbarer. Dennoch, das näherrückende Ziel und das Bewußtsein, es geschafft zu haben, geben Kraft. Auch noch, als man müde und abgekämpft, aber glücklich, zur vereinbarten Zeit Wildalpen erreicht, dort von Glockengeläute, weißgekleideten Ministrantinnen sowie dem Pfarrer zur Gottesmutter geleitet wird und den Glorreichen Rosenkranz zu Ende betet, bis das letzte „Ave Maria" verklingt, die Schatten von den Bergen niedersteigen und es Nacht wird im Tal.

Noch vor dem eigentlichen Aufbruch zurück nach Tragöß, treffe ich am nächsten Morgen in der Nähe seines Quartieres den Sulzer. Wie er geschlafen habe, ob er, der sagt, bis zu einem bestimmten Punkt vorausgehen zu wollen, mich mitnehmen würde?

Sichtlich von meiner ewigen Fragerei erholt, willigt er ein, legt aber bald wieder ein Tempo vor, das mich an den gestrigen Abmarsch erinnert. „Habe gegenüber früher eh schon nachgeben müssen", meint er, als ob er Gedanken lesen könne. „Von Kindheit an waren wir an derartige Strapazen gewöhnt." Schon als Vierjähriger sei er im Sommer mit den Eltern auf der Pfaffing-Alm gewesen. Dann später die langen Pirschgänge ... Also doch die Jagd! Nun weiß ich, auch in dieser Hinsicht den Richtigen getroffen zu haben. „Nicht ein einziges Stück Wild habe ich am Vortag gesehen", falle ich ihm daher ins Wort – in der Hoffnung, nun den Waidmann in ihm zu wecken. Er aber spricht immer noch lieber von anderen Dingen: Von dem nie abgekommenen Brauch zwischen den beiden Tälern, sich gegenseitig etwa bei Todesfällen zu verständigen, wichtige Nachrichten auszutauschen oder, wie es während des Zweiten Weltkrieges einem ihm noch bekannten Jäger von der Jassing erging, als er auf Schiern am Christtag mit seiner Hündin einen prächtigen Rüden in

*Blick von den Klammböden in die Klause
zwischen Meßnerin (links) und Pribitz*

Hinterwildalpen besuchte. – Über Nacht hatte es nämlich kräftig geschneit, und da seine an die dreißig Kilogramm schwere Begleiterin zu kurze Füße hatte, blieb ihm nichts anderes übrig, als diese im Rucksack heimwärts zu tragen. Dennoch, die eigentliche Weihnachtsgeschichte war eine andere: Einen Tragößer, der in Wildalpen die Wiener Wasserleitung bewachen mußte, verließen, als er zur gleichen Zeit vom Schafhalssattel in Richtung Wasserboden heimwärts stapfte, die Kräfte. Der seinen Spuren nachgehende Jäger fand ihn unter einem Baum, konnte Hilfe holen und ihn auf diese Weise retten.

Währenddessen schaut Sulzer auf die Uhr, später immer öfter, und ist erleichtert, als er auch die übrigen Wallfahrer auftauchen sieht. Gelingt es nicht, pünklich aufzubrechen – und er spreche aus Erfahrung –, meint er, könne man vielleicht die Zeit bis zum Schafhalssattel nicht einhalten, geschweige denn die weitere. Da kam es dann schon vor, daß man ohne Kreuz loszog. Einfach auch dem Herrgott den Schlaf noch gönnte, wissend, daß er es kaum zulassen würde, beim Mittagsgebet nicht wieder dabei zu sein.

Daß es insgesamt nicht immer wie heute gewesen ist, habe ich vielleicht ebenso schon mitbekommen: So war es manchmal schwer, die Wallfahrten überhaupt durchzuführen. Andererseits kenne er noch das Jahr, als am selben Tag hinter dem Kreuz deren zwei hinüber nach Wildalpen zogen. Warum? Jetzt, zumindest eine Generation später, wissen es höchstens noch die ganz Alten. Und die sprechen auch nicht mehr gerne davon ...

Als eine bestimmte Stelle erreicht ist, beginnt der Leitner mit dem Freudenreichen Rosenkranz. Wenig später füllt man noch die Wasserflaschen, dann geht es wieder zum Antonikreuz. Von hier steil bergauf, führt der Steig größtenteils durch Wald, einmal über eine Forststraße, insgesamt jedoch in direkter Linie zurück in Richtung Kreuzpfäder.

Welkes, niedergedrücktes Gras, aber auch da und dort noch verstreut liegende Blütenblätter künden von der vortägigen Arbeit der Frauen. Erstmals gibt es die Möglichkeit einer Rast, ich beschließe hingegen, weiterzugehn, um, worauf ich wegen des vorgegebenen Tempos gestern verzichten mußte, mehr Zeit für mich zu haben. – Da sind sie wieder, die sich zu meiner Linken hochauftürmenden Wände des Kleinen und Großen Griesstein, mit schroffem, unzugänglichem Kalk; den Rissen, den Türmen und, was mich besonders fasziniert, den Höhlen. Diese, meint ein Nachkommender, werden wenigstens dem Vieh nicht gefährlich. Oben auf den Karen, wo die unterirdischen Labyrinthe dagegen weniger schwer zugänglich sind, fordern sie Jahr für Jahr ihre Opfer. Gerade jetzt sei wieder ein Ochs in einen derartigen Schacht gestürzt, einfach durchgebrochen, wo man gar nichts darunter vermutet hätte. Immer neue solcher Karstphänomene werden entdeckt. Heute wisse man am Hochschwab von weit über fünfhundert, wobei man deren tatsächliche Zahl auf das Doppelte schätzt.

Die Sorge um das Vieh habe auch schon öfter Menschen in Nöte gebracht. So sei einmal vor gut zwanzig Jahren ein Tragößer Bauer auf den Spitzboden gegangen, und als er sich verirrte, dauerte es zwei Tage, bis man ihn drüben beim Leopoldsteiner See fand. Ein

Einzug in die Pfarrkirche von Tragöß

Beispiel dafür, wie es selbst einem Einheimischen ergehen könne, komme er vom Pfad ab oder das Wetter schlägt um.

Abermals genieße ich im Weitergehn das sanfte Auf und Ab des Weges, es ist, als ob der Wald noch einmal seine ganze Schönheit entfalten wolle, ehe er sich endgültig in die Öde am Fuße der Schaufelwand und des Ebenstein verliert. Wieder die Überhänge, der schmale Steig, die letzten Serpentinen hinauf zum Schafhalssattel, dann suche auch ich mir eine windgeschützte Stelle und erwarte mit den bereits hier Anwesenden den Rest der Gruppe.

Seit er mir das „Du" angeboten hat, ist er für mich der Sulzer. Jetzt steht er wieder neben dem Leitner, spricht mit den anderen das auch auf dem Rückweg obligatorische Mittagsgebet und findet sich nach dem allgemeinen Aufbruch abermals in meiner Nähe.

Vor uns sind es nun der Spitzkogel und rechts der Brandstein, die ihre Köpfe in den auch heute noch immer fast wolkenlosen Himmel recken. Mitten in den von Wollgras bedeckten ausgedehnten Weideflächen auch jetzt wieder Vieh, weiter oben Krummholz, Latschen und am Horizont sich gegen die Sonne zu scharf abzeichnender, rissiger Fels. Gerade als über uns der warnende Pfiff eines Murmeltiers ertönt, ist er ganz neben mir, weist auf plötzlich herabrollendes Gestein und meint, daß wohl flüchtendes Gams- oder Steinwild die Ursache sei. Ersteres wäre immer hier gewesen, nicht umsonst spreche man vom Hochschwab als dem „Steirischen Gamsgebirg" und von dessen Bestand als dem bedeutendsten der gesamten Ostalpen. Der Steinbock, hier erst wieder seit 1976 heimisch, habe dagegen drüben in Wildalpen seine ältere Heimat; er muß jedoch dort die kalte Jahreszeit über durchgefüttert werden, während sich der hiesige Stock von etwa 80 Tieren selbst erhält.

Wie es mit dem Bär in dieser Gegend aussieht? Dieser ziehe wohl von Süden kommend hier durch, überwintere meist an der Nordseite und halte sich sonst eher im Ötscher- und Dürrensteingebiet auf. Hasen und Rehe bevölkerten vor allem die unteren Regionen – hier in dieser Höhe dagegen befinde sich das wohl beste Rotwildgebiet von ganz Europa. Sichtlich stolz deutet er dabei zurück auf die Silberne Schale, wo einmal jener „Magnus", ein ungerader Sechsundzwanzigender, erlegt wurde. Gar nicht zu reden vom legendären „Marschall", einem Zweiunddreißigender, welcher in seinem Sommereinstand südwestlich der Zumach in der Hinteren Bildstatt im Jahre 1997 geschossen wurde und der als zweitbester Hirsch auf der ganzen Welt Jagdgeschichte schrieb. Fast fühle man sich da noch in die Zeit eines Erzherzog Johann oder in die des Kaisers zurückversetzt, meint er noch – bleibt aber, als wir an eine nasse, mit Steinen ausgelegte Stelle kommen, plötzlich zurück.

Hat er, der auch nicht mehr ganz junge Sulzer, nun wieder einmal genug von mir? Will er vor dem Anstieg zur Zumach noch einmal verschnaufen und mit seinen Auskünften erst oben oder gar nicht mehr weiterfahren?

Erleichtert höre ich ihn jedoch auch noch auf die von mir ebenfalls schon gestellte Frage nach der heimischen Vogelwelt eingehen. Bussarde, Habichte, alle Arten von Falken, das Schneehuhn, das Steinhuhn, das Birkhuhn lebe hier. Und mit einer Bewegung, als ob er sich selbst in die Lüfte erheben wolle, fügt er noch hinzu: Auch der Steinadler ist ständig

*Schlußandacht mit dem Ortspfarrer
und Dank für die glückliche Heimkehr*

da, in welcher Zahl ist freilich ungewiß. Denn dieser habe ein zu großes Revier, als daß man hier eine genaue Aussage treffen könne.

Nach dem Hinweis auf Jagdliches sowie die Zeit vor zweihundert, dreihundert Jahren, kommen mir Peter Roseggers „Jakob der Letzte", die Herren *„Die lüstern nach der Scholle greifen, aber nicht, um sie zu bebauen, sondern um sie verwildern zu lassen und darauf ihres Lebens höchstem Berufe, der Weidmannslust zu frönen"*, aber auch der Bauer, *„Sich seiner und seines Standes schämend, seinen Charakter verlierend und seine Kraft"*, in den Sinn. *„Die Flucht vom Pflug zum Hammer vollziehend"*, nicht mehr *„Grundstein bilden zu wollen, sondern Giebel"*. Und schließlich jene, die es trotz aller Treue zu Grund und Boden nicht schafften, die bis zuletzt kämpften und dennoch untergingen.

Waren es nicht genau diese Berge, diese Almen, diese Ereignisse, die den Anstoß für den Aufschrei des Dichters gaben? Gehen wir nicht heute schon wieder zu oberflächlich mit Dingen um, nur weil sich der Mantel des Vergessens darüber breitet?

Während des Anstiegs auf die Zumach verliere ich Sulzer aus den Augen. Den Weg hinüber zur Sonnschien-Alm, den Abstieg über Schattfeichta sowie den Baumgart gehe ich allein und bin um halb drei Uhr wie vereinbart unten bei den Böden. Abermals beschäftigen mich die in den Stein gehauenen Stufen. Wer sie wohl anlegen ließ, wozu und wann?

Wieder ist er mir voraus, sitzt, als ich dort eintreffe, bereits auf einem Baumstumpf und klärt mich auf. So hätte bereits im 18. Jahrhundert die Äbtissin von Göß jenen Bauern, welche in der Klamm Waldbesitz hatten, eine Befreiung vom Weidezins zugestanden, was übrigens bis heute aufrecht ist. Wollte man hingegen den Sommer über oben auf der Sonnschien oder am Spitzboden auftreiben, kam man anfangs nur auf einem mittels Prügelstufen halbwegs gangbaren Weg über das sogenannte Jaggerl dort hinauf oder später hier. Dann habe die von gefangenen Russen während des Ersten Weltkrieges erbaute und auch so benannte Straße diesen Steig ersetzt. Anstatt des Viehs mühten sich nun die Wanderer und Wallfahrer auf ihm ab, meint er, bekämen zumindest beim Anstieg gleich den nötigen Respekt vor dem Berg und würden nicht übermütig.

Es ist der Schmerzensreiche Rosenkranz, der uns das erste ebene Stück hinaus in Richtung Tragöß begleitet. Hatte der Wind oben auf der Höhe alles erträglicher gemacht, jetzt brütet die Hitze förmlich über dem Tal. Doch abermals ist es Peter Rosegger, welcher mir mit seinem „Gottsucher" die schier endlos scheinende Strecke verkürzt. Mit den aufrührerischen Bauern, die ihren eigenen Pfarrer im Gotteshaus erschlagen, weil dieser sie ob ihrer Lebensweise gerügt hatte. Mit dem Dorf und den Menschen, die jene Rolle des Werdens und Vergehens spielen, die er angesichts eigener Erfahrungen von da an in seinen Werken immer wieder verwendet. Wo die gleiche grandiose Gebirgswelt den Rahmen bildet, durch die wir eben gehen ...

Müde und nach der zur Klammhöhe noch einmal ansteigenden Straße schon einigermaßen gezeichnet, kommen wir ins Greith. Dann noch der Wald, die ersten Häuser – gegen vier Uhr nachmittags sind wir am Ziel. Es sind Einheimische, die uns erwarten, die eine erste Erfrischung reichen und, als die Glocken läuten, mit zur Kirche ziehen. Allen voran das Kreuz, anschließend der Pfarrer und die Wallfahrer, ist es nur mehr ein kurzer Weg. Ein letztes Gebet, ein Dank, Gesänge, Worte. Nachdem auch das „Großer Gott wir loben Dich" verklungen ist, bin ich mit meinen Gedanken allein.

Es ist still um den Altar. Draußen verabschieden sich Menschen, durch das noch immer weit geöffnete Tor fällt mein Blick zurück auf jene Berge, die mir seit geraumer Zeit ans Herz gewachsen sind. Die Pribitz, die Meßnerin, die Südabhänge des Hochschwab, die ich wie kaum andere jemals zuvor erlebte, als ich mir diesen Sommer einen Traum erfüllte und von Tragöß zur Gnadenmutter nach Wildalpen ging.

Anm.: Den in der topographischen Bezeichnung Schafhalssattel wiederholt vorkommenden Flurnamen „Hals" findet man stets in Zusammenhang mit Steigen / Wegen, die über einen Übergang führen. (Nach H. WEINEK: Erkundung von Saumwegen im Raum Eisenerz unter Zuhilfenahme von Flurnamen - eine Möglichkeit, Feldforschung zu betreiben. In: „res montanarum", Zeitschrift des Montanhistorischen Vereins für Österreich. Leoben Nr. 27, 2002)

LITERATUR

GRABNER, ADOLF: Geschichte der Gemeinde Wildalpen, 2., erg. Aufl. Wildalpen 1986 – HAAS, WOLFGANG: Geschichte der Pfarre Tragöß in Obersteiermark, Leoben 1926, S. 51 f. – ROSEGGER, PETER: Der Gottsucher, Roman, München o. J. – Jakob der Letzte, Roman, Wien o. J. – TOMASCHEK, JOHANN: Die Pfarr- und Wallfahrtskirche Wildalpen im Salzatal, Salzburg 1995 – PIRZL, OTTO / MUSSBACHER, RUDOLF: Tragöß am Grünen See – Im Wandel der Zeiten, Tragöß 1951

*Überlebensgroße spätbarocke Figur des hl. Johannes Nepomuk
am Stiegenaufgang zur Wehrkirche St. Oswald in Eisenerz*

EIN TAG AN DER EHEMALIGEN PROVIANTSTRASSE

Draußen vor den Fenstern tanzten die ersten Schneeflocken dieses Winters, nach einem wunderschönen Herbst war es plötzlich kalt und andauernder Stürme wegen richtig ungemütlich geworden. War ich während der vergangenen Wochen noch mit Außenarbeiten, der Reparatur eines Zaunes und dem Schneiden der Hecken beschäftigt gewesen, so trieb es nun auch mich hinein. Wie den Igel, der wie jedes Jahr in dem im hintersten Winkel des Gartens zusammengetragenen, aus letztem Gras, Erde sowie welkem Laub bestehenden Komposthaufen bereits sein Quartier bezogen hatte.

Das war die Zeit, die ich am meisten mit Büchern verbrachte und in der ich meiner Lieblingsbeschäftigung nachging, nämlich zu ergründen, wo, wann und wieso etwas einmal geschehen war. Ich nützte solche Tage, widmete mich allen möglichen Dingen und machte anschließend oft eine Geschichte daraus, die ich dann vielleicht an die Waidhofner Heimatblätter oder an Zeitungen weitergab, manchmal aber auch nur für mich selbst verwendete, um mich einzustimmen, bevor ich – sobald die Witterung es wieder zuließ – hinausfuhr und auf Spurensuche ging.

Diesmal betraf es das Erlauf-, das obere Ybbs- und das Ennstal, einen der wichtigsten ehemaligen Wirtschaftswege der Eisenwurzen, die niederösterreichisch-steirische Proviantstraße. Jetzt, da der Frühling wieder ins Land gezogen war, im Garten alles blühte und die Sonne wohl schon den verschlafensten Igel aus seinem Versteck geholt hatte, war es soweit. Ich machte mich auf den Weg, um zu entdecken, was von ihr übriggeblieben war.

War früher ein Fuhrwerk etwa von Purgstall nach Eisenerz unterwegs gewesen, hatte es an die sechs Tage bis zu seiner Rückkehr gebraucht, denn nicht immer war der zur Überwindung von Steigungen oft notwendige Vorspann verfügbar, auch das Warten bei den Mautstellen schlug sich auf die Zeit. Jeder Stein, jeder Berg konnte Unvorhergesehenes bedeuten, ganz zu schweigen von Banditen, denen so mancher Eisen- oder Proviantransport zum Opfer fiel. Ich dagegen fahre sicher, denke über bisherige Grenzen hinaus, überspringe Bekanntes und wende mich dem nördlichsten Teil der Eisenwurzen zu.

Gerade hier kommt Neues ins Spiel, nämlich die für den kostengünstigen Transport des Eisens, von Waren, aber auch von Lebensmitteln wichtige Donau. Denn waren Wallsee sowie Ardagger noch oberhalb des gefürchteten Greiner Strudels gelegen und deshalb für den Verkehr aus dem Ybbstal höchstens stromaufwärts nach Bayern oder zur Umgehung landesfürstlicher, aber auch privater Mautstellen interessant, entwickelten sich Ybbs und Pöchlarn schon sehr früh zu bedeutenden Handels- und Umschlagplätzen: in die Länder der böhmischen Krone, nach Polen, Ungarn, Rußland und den Nahen Orient. Pöchlarn,

Uferlandschaft der Erlauf bei Purgstall

vermutlich bereits seit Karl dem Großen dem Bistum Regensburg zugehörig, profitierte jahrhundertelang von dessen gutem Verhältnis zum österreichischen Herrscherhaus; es besaß im Spätmittelalter Freiheiten, die sowohl ihm als auch seinen Besuchern Vorteile verschafften. Es war vor allem für Händler aus dem Erlauftal interessant, bis – da die kaiserliche Maut in Ybbs häufig umgangen wurde – im Jahre 1678 hier eine Filiale derselben die Proviantmärkte Scheibbs, Purgstall und Gresten auf den Plan rief und diese drohten, ihre Eisenniederlagen anderswo zu errichten.

Nach langem Diskurs wurde ihnen 1721 noch einmal Mautfreiheit gewährt, doch nur mehr für ihr Eisen – von allem Übrigen wurde Steuer eingehoben: für stromaufwärts kommendes Getreide bereits in Krems, für Wein, Salz, Fleisch und alle weiteren Lebensmittel anderswo. Trotzdem, die beste Route von und zur Donau führt noch immer über Pöchlarn. Wie Ybbs einst durch die Einmündung der wichtigen Wege aus dem Ybbstal einen großen Aufschwung nahm, geschah dieses hier durch den Bau der „Dreimärktestraße"[1], bis im Jahre 1783 die Aufhebung jeglicher Abgaben durch Kaiser Joseph II. sowie das beginnende technische Zeitalter überhaupt andere Voraussetzungen schufen, die Zillenmaut, die Pflastermaut, die Stapelrechte etc. bedeutungslos wurden und die um ihre Einnahmen gebrachten Städte sich nach anderen Einkünften umsehen mußten.

Solcherart auf das Thema Verkehr sowie die Einnahmenspolitik des Staates in früheren Jahren eingestimmt, fahre ich entlang der Erlauf gegen Norden, lasse den morgendlichen Lärm der Autobahn hinter mir und befinde mich kurz darauf in Pöchlarn.

Gleich am Beginn eine „Eisenstraße", die ins Zentrum führt. Erinnert also doch noch etwas in dieser sich heute den Römern, den Nibelungen und der Kunst zugewandten Stadt an diese Zeit?

Größe und Aussehen der vor allem von der Donauseite her mit ihrem schlanken spätbarocken Westturm dominierenden Pfarrkirche beeindrucken, ebenso Zeugen einer oft noch weit länger zurückreichenden Geschichte: die Steinreliefs an drei ihrer Außenmauern, der im Süden zu einer Kapelle ausgebaute Karner, das aus einer mittelalterlichen Anlage entstandene Schloß, ehemalige Befestigungen, Brunnen, steinerne Monumente, aber sonst?

Als ich durch die Stadt gehe, interessiert mich vor allem der Gaminger Hof, ein mit Arkaden versehener barocker Bau, welcher seit 1788 das Rathaus beherbergt. Stellt auch er noch einen Bezug zum Eisen und dessen einstiger Bedeutung für Pöchlarn dar? Heimatkundliche Literatur bestätigt es: Im Jahre 1346 von den Kartäusern als Niederlage für ihre umzuschlagenden Waren und Güter gekauft, blieb diese bis zur Aufhebung des Klosters in deren Besitz, verschaffte ihnen, wie allen Eigentümern bürgerlicher Häuser im Ort, steuerlichen Vorteil und bildete deren wichtigsten Stützpunkt an der Donau.

Schließlich stehe ich vor dem Geburtshaus Oskar Kokoschkas. Die Heimat seiner Mutter Romana, ihr Grab auf dem Bergfriedhof in Hollenstein an der Ybbs, seine Ferientage auf der Lassing und die dort entstandenen Skizzen fallen mir ein. Es ist die letzte, wenn auch ganz andere Verbindung zur Eisenwurzen.

„Neuhaus" in der Mendling

Wenig später bin ich zurück in Richtung Kemmelbach unterwegs. Die Straße führt geradeaus, von der ersten Anhöhe fällt der Blick gegen Süden ins Voralpenland, zu tiefgrünen Wassern, romantischen Schluchten, Hügeln und Höhen, bis hin zur alles beherrschenden Kulisse des Ötscher.

Eben noch die Donau, der römische Limes, ja fast die große weite Welt – es ist, als ob das enger werdende Tal die Gedanken wieder bündeln würde. Schon Wieselburg mit seinen Bürgerhäusern, dem mächtigen ehemaligen Getreidespeicher, dann Purgstall und Scheibbs, alles, was ich während des Winters über die Geschichte dieser Gegend zusammengetragen habe, ist wieder da. – Die Wägen, wie sie schwerbeladen mit Getreide, Obst, Fleisch, Schmalz, Most und Wein über Gaming, Lunz, Göstling, an die steirische Grenze fahren. Das Hinunter und Hinauf, wo es am Grubberg, in der Mausrodl, im Roßgraben, in der Gams, auf dem Radstatt, in Lainbach und dazwischen noch dreimal so steil bergab geht, daß mittels Ketten Wagensperren angelegt werden müssen. Im Gegenzug erweist sich der Transport von Eisen und Halbzeug noch viel kräfteraubender und wird ohne zusätzliche Hilfe geradezu unmöglich.

Und doch, wer heute im Sommer diese Strecke fährt, hat oftmals anderes im Sinn – etwa das Erlebnis, das Wandern oder den Wildwassersport. Auch wird kaum jemandem deren frühere Bedeutung noch bewußt – in der Mendling die der Salz- und Eisenmaut, jene des Gasthauses an der Grenze. Sie sind aus der Vorstellung von heute überhaupt verschwunden. Letzteres wurde abgetragen, und von den beiden übrigen Gebäuden zeichnet sich das eine nur mehr durch seine schwer zu findende Lage, das zweite, noch direkt an der Straße gelegene, durch nichts anderes, als seine schönen schmiedeeisernen Fensterkörbe aus.

Das Herrenhaus Staudinger, Neuhaus, einer meiner unvergeßlichen Tage am Berg – nicht erst jetzt werden Erinnerungen wach. Der 1998 verstorbene Freund, sein Grab oben am kleinen Lassinger Ortsfriedhof, das eherne Buch mit den aufgeschlagenen Seiten, der Spruch. Ich hätte zumindest vorbeigeschaut, hätte ein paar Worte gewechselt, ihn gefragt ... Aber nun?

Es beginnt zu regnen. Soll ich umkehren? Nach einigen Kilometern weisen Wegtafeln nach Mariazell, nach Wildalpen. Dann fahre ich an Palfau vorbei, gegen Mittag bin ich in Gams. Es ist der letzte Anstieg, bevor es drüben den Berg hinunter ins Ennstal geht.

Fast noch an dessen Fuß mein nächstes Ziel. Ob ich hineinkommen dürfe, dorthin, wo ich bisher immer nur bewundernde Blicke über den Zaun geworfen habe? Auf das Haus, seinen wertvollen Sgraffitoschmuck, auf die Nebengebäude? Das Wissen um die kulturelle Bedeutung des Radstatthofes in Landl hat mich mutig gemacht, noch dazu, wo es angebracht scheint, auch eine ehemalige Weinschenke und Herberge zu besuchen.

Und wirklich, kurz darauf erhalte ich Antwort. Eine Frau ist eben aus dem Haus getreten, setzt sich auf eine Bank neben der Tür und lädt mich ein, es ihr gleichzutun. Da der Regen aufgehört hat, meint sie, wolle sie nun ein wenig rasten, tue dies aber gerne auch zu zweit. Worum es gehe?

Hölzernes Mauthaus (Eisenmaut) an der niederösterreichisch-steirischen Landesgrenze

Ich beginne vorsichtig. Um eine Geschichte, um Fotos, die ich machen möchte ... Einiges wisse ich ja schon, wie etwa, ab wann die Besitzer faßbar sind, wohin Dienst- und Steuerleistungen gezahlt werden mußten oder, daß im Jahre 1661 der Admonter Abt *„obwohl er genug Ursache gehabt hätte, die ganze Wirtschaft wegen bösen Gesindels, Spiels, der Unzucht und allerlei anderer Greuel aufzuheben"* nur auf Bitten des Amtmannes von Eisenerz sowie der Märkte Scheibbs und Gresten entschieden hatte, *„den Weinausschank sowie das Gästeaufnehmen im Interesse der Verproviantierung"* dennoch auf dem Haus zu belassen.

Interessiert blättert die meiner Einschätzung nach Anfang der Sechziger Stehende in meinen Unterlagen. Wird wohl in früheren Jahren so gewesen sein, antwortet sie, aber davon höre sie jetzt zum ersten Mal. Und das Geschriebene mit den Bildern kenne sie schon überhaupt nicht. – Also sei sie gar nicht von hier, vielleicht nur auf Besuch und ich deswegen ganz umsonst so neugierig, frage ich.

Wenn zweiundvierzig Jahre genügen, dann würde sie sich selbst nicht mehr als Auswärtige bezeichnen, lacht sie. Aber das könne ich ja nicht wissen, wie lange es schon her ist, daß sie hier eingeheiratet hat.

Maria Vögerl lehnt sich zurück. Wie es sich in einem so alten und schönen Haus lebe, möchte ich wissen? Seit sie 1960 aus der Nähe von Spital am Pyhrn, aus dem Oberösterreichischen, hierher gezogen ist?

Wahrscheinlich nicht viel anders als sonstwo. Freilich, wenn jemand glaube, ein solches Erbe zu übernehmen, wäre leicht, der irrt. Dabei sei sie mit Freude auf den Hof gekommen, habe aber von dessen Bedeutung aus volkskundlicher Sicht wenig gewußt. Da waren ganz andere Dinge wichtig: ein, zwei Jahre nach der Hochzeit bereits der Tod der Schwiegereltern, das plötzliche Alleingestelltsein als Bäuerin. Ihr Mann habe ja vor allem in der Landwirtschaft und draußen im Wald zu tun gehabt. Ob es Gesinde gab, Mägde, Knechte, wie man es auf einem so großen Besitz schon vermuten würde?

Ein taubstummes Mädchen wäre seit 1964 ihre einzige Hilfe gewesen, freilich einundzwanzig Jahre lang. Gerade am nächsten Sonntag hole sie diese wieder zum Essen, und die längst zur Freundin Gewordene danke es ihr jedesmal, indem sie noch manchmal in der Küche aushilft oder bügelt.

Während sie mir ein Glas Most über den Tisch reicht, fährt ein Auto vor. Der jüngste Sohn, seine Frau mit einem Säugling auf dem Arm sowie zwei Kinder kommen auf uns zu – erstere werden über den Grund meiner Anwesenheit aufgeklärt und gehen daraufhin ins Haus. Die nächste Generation am Radstatthof, meint meine Gesprächspartnerin. Ob sie mich wegen einer dringlichen Angelegenheit, zu deren Klärung die beiden gerade unterwegs gewesen waren, ein wenig alleinlassen könne?

In der Zwischenzeit greife ich nach den von mir mitgebrachten und nun liegengebliebenen Notizen eines Johann Kappo aus dem Jahre 1914. Von Sgraffiti aus dem 16., 17. und 18.

*Altes Stallgebäude in Palfau,
abgetragen im Jahre 2003*

Jahrhundert ist hier die Rede. Überraschend von einer Monduhr, verschiedenen Datierungen[2] sowie einer alten Hausglocke von 1568, wo zwischen jeder Ziffer dieser Zahl ein Apostelkopf zu sehen ist; auf der gegenüberliegenden Seite dagegen Christus am Kreuz, darunter Maria und Maria Magdalena. Weiters von Einrichtungsgegenständen aus vergangenen Zeiten, im Flur eingemauerten Ringen, an denen vermutlich die Saumtiere, mit denen man früher hier vorbeizog, angebunden waren. Auch Kienspanleuchter, Kienspanhobel und Kerzentauchbretter erregten das Interesse des Autors. Und heute? Ob noch etwas davon vorhanden ist?

Die wieder zurückgekehrte Frau verneint. Außer der erst kürzlich mit großem Aufwand restaurierten Malerei und dem Wandschmuck an den Außenseiten des Hauses sei im Innern nichts mehr vorhanden, auch die im Turm untergebrachte, stets zu Mittag geläutete Glocke gibt es nicht mehr – sie fiel während des Ersten Weltkrieges der Beschlagnahme zum Opfer. Die Ringe seien mittlerweile ebenso verschwunden, und als 1952 die Familie Vögerl hier einzog, waren zwei leere Truhen alles, was sie von ihren Vorgängern übernahm.

Und die vor Jahren abgetragene Schmiede oder die Wagnerei? Sagen ihr diese Dinge noch etwas?

Fast scheint es, als ob die bisher stets prompt auf meine Fragen eingehende Frau ein wenig zögert. Doch dann erzählt sie auch da: Von der Liebe ihres Mannes zu seinen Haflingern, ihren gemeinsamen Schlittenfahrten im Winter. Wie die Kinder gelaufen kamen, wenn er die beiden Tiere beschlagen ließ, und daß alles zu Ende ging, als er starb. Jetzt denke der Sohn wieder an den Erwerb eines Pferdes, daran, die besagten Gewerbe noch einmal aufleben zu lassen, jedoch nicht.

Da sie ins Haus gerufen wird, nütze ich die Zeit, um mich umzusehen. Ein schindelgedeckter, etwa nur drei Viertel der Dachhöhe erreichender Zubau im Süden. Im Erdgeschoß rundum vergitterte, im Oberstock kleinere und größere, teilweise mit Körben versehene Fenster, jeweils von Ost und West in den Flur führende bogenförmig gerahmte Eingangstüren, prächtige Sgraffiti, zwei Sonnenuhren – das einzige, was mich hindert, sofort Stativ und Kamera aufzubauen, ist das ungünstige Licht. Also umrunde ich das Gebäude lediglich, kehre wieder zur Bank zurück und vertiefe mich aufs Neue in seine Geschichte.

Manch urkundlich freilich nicht immer Nachweisbares lese ich. Daß der Bau schon im 11. oder 12. Jahrhundert vorhanden gewesen und später als Meierhof (Villicius de Laimpach) des Stiftes Admont, aber auch bereits als Bezieher jenseits der Buchau verabfolgten Weines vermerkt sei. Dann, von der Änderung seines Namens von Laimbach- auf Radstatthof nach dem dort befindlichen Berg.[3] Daß es Abgabenbücher gibt, die es stets als größtes Bauerngut weit und breit ausweisen, ein Heiratsprotokoll aus dem Jahre 1597, das den Besitzer „*als in der ganzen Gegend sehr angesehenen und begüterten Mann*" bezeichnet ... Ich hätte fortfahren können und wahrscheinlich immer noch Interessantes gefunden.

Ja, damals, meint die sich wieder zu mir gesellende Frau, aber die Zeiten haben sich geändert. Früher dazugehörende Bauernhäuser wären längst verkauft, viel Wald sei

Der Radstatthof in Mooslandl, erbaut im frühen 16. Jahrhundert.
—— Klobiger Bau mit glatten, reich mit ornamentalen Sgraffiti verzierten Wänden ——

weggekommen. Was die Gemeinde betrifft, seien sie landwirtschaftsmäßig schon noch immer die Größten, forstlich jedoch nicht, da hätten sie bereits dazupachten müssen, um die Jagd zu erhalten.

Nachdem sie ihren Mann ja vorerst nur aus Interesse begleitet habe, zwang sie dessen früher Tod später, selbst die Prüfung abzulegen. Jetzt seien sie alle begeisterte Jäger, auch die drei Söhne. Auf Rehwild hier, bei Einladungen in die nähere Umgebung auf eine Gams oder einen Hirsch zu gehen, wäre schon eine Abwechslung vom Alltag. Und wenn es am Radstatthof außer der Gastlichkeit noch eine Tradition zu bewahren gäbe, dann diese.

Ob nicht doch die Winter ruhigere Tage brächten als die übrigen, einem Bauern ins Haus stehenden Monate?

Schon, gibt sie zu verstehen. Früher habe sie gestrickt, Wolle gesponnen, Teppiche gemacht. Jetzt bemale sie manchmal Krapfenschüsseln, Kaffeehäferl oder sonstige Sachen aus Keramik – nicht allein und auch nicht etwa in der Stube, sondern im Kreise Gleichgesinnter. Beim Mooswirt oder in einem der anderen Gasthäuser in Landl sei das schon lustiger.

Gerade als ich wegen einiger nun doch durch die Wolkendecke dringender Sonnenstrahlen den Eingang fotografiere, fährt abermals ein Auto vor. Stammgäste, sagt sie, wegen der guten Schneelage am Hochkar heuer bis in das Frühjahr hinein bei ihr. Wieder Gäste?

„Urlaub am Bauernhof" lese ich draußen auf einer Tafel, nachdem ich mich verabschiedet habe, um mich wieder meiner eigenen Geschichte zu widmen: den Fuhrleuten, welche wahrscheinlich am Fuße der von Gams her steil bergab führenden Strecke die Wagensperren entfernt, im Radstatthof die Pferde getränkt und nach einer Rast ihren Weg nach Lainbach fortgesetzt hatten. Den schönen Dingen ringsum sowie der Tatsache, daß es ja auch für mich weiterging. Denn, obwohl die Proviantstraße – zumindest dem Namen nach – hier an der Enns endet, für jene, die noch bis zum Erzberg wollten, währte der Tag noch lange. Also fahre ich ebenso auf der von Steyr kommenden Eisenstraße bis Hieflau, wende mich dann in Richtung Leoben und bin eine halbe Stunde später in Eisenerz.

Als ich ankomme, liegt dessen Zentrum bereits im Schatten. Ich steige daher die Stufen empor zur Pfarrkirche, wo die Sonne noch scheint, und fotografiere die beiden Barockfiguren am Ende des Aufganges, einige Grabsteine sowie über dem Eingangsportal das Tympanon. Auch der Innenraum hätte mich interessiert, doch, weil er verschlossen ist und überdies kalter Wind über die Mauern bläst, gehe ich die Stiege bald wieder hinunter, am Bergmanns-Brunnen, dem alten Rathaus vorbei, zurück zu meinem Auto.

Es dämmert bereits, als ich die Stadt wieder verlasse. Eintönig die Straße, der Bach, nur die mehrmals querenden Gleise der Bahn erfordern erhöhte Aufmerksamkeit. Häuser zu beiden Seiten, dann wieder drängt Wald sich heran, knapp vor der Abzweigung nach Radmer die noch im letzten Sonnenlicht aufglühende Spitze des Lugauer. Abermals Hieflau, die

Eingang in den mit Stichkappen überspannten Flur

Enns, das weiter werdende Tal. Soll ich über Altenmarkt, Weyer und Waidhofen nach Hause fahren oder wieder über Göstling?

Die Radstatthöhe hinauf wird es dunkel. Dann Gams, die tief unter mir liegende Salza, von Erzhalden geht es den Mendlingbach entlang – an der Landesgrenze beginnt die Nacht.

Ob auch heute der Mond aufgehen, vielleicht wieder beim Wirt auf der Lassing zum Fenster hereinschauen und wie damals alles fast taghell erleuchten wird?

Die Geschichte vom Proviantführer Simon fällt mir ein. Sein ansonsten tiefer Schlaf und wie er dennoch dort eines Morgens um halb drei Uhr in seiner Kammer aufwacht, die Lampe entzündet, rasch in die über dem Bettgestell liegende Leinenhose sowie den groben Rock schlüpft und sein Tagwerk beginnt. Unten im Stall bei Kerzenlicht noch die zwei ihn stets mit einem leisen Schnauben begrüßenden Pferde tränkt, füttert und striegelt, so daß sie wie immer gar prächtig aussehen und er seine Freude hat.

Wie er mit der Lampe in der Hand in das noch dunkle Gasthaus zurückstapft. Durch das Vorhaus gehen muß, um in die noch mit einem offenen Feuer ausgestattete Küche zu gelangen, wo er zufrieden feststellt, daß eine halbwüchsige Gestalt bereits am Herd hantiert. Er zur Schottensuppe, einer mageren Buttermilch, ein Stück Brot erhält und auf eine diesbezügliche Frage, wie weit es heute gehe, Scheibbs angibt. Daraufhin der jungen Maid fürs frühe Aufstehen noch eine Kupfermünze in die Hand drückt und verschwindet.

Daß Simon, der nur Eisen vom Mendlinger Hammerherrn geladen hat, dem Warten auf Vorgespanne am Morgen insofern ausgewichen ist, indem er schon am Vortag den Roßgraben herauf fuhr und nun auf der durchwegs abschüssigen Straße ganz gut vorankommt, ist seiner Erfahrung zuzuschreiben. Unterwegs übernimmt er noch von einem Nagelschmied, der auf der Rückfahrt dafür Mehl, Grieß sowie Schmalz will, Ware für einen Proviantändler und erreicht, nachdem er die für solche kleineren Dienste festgesetzte Taxe kassiert hat, Göstling; hier läuten gerade die Glocken, in den Hämmern beginnt die Arbeit, der Lindenschmied steht unter der Tür, und Simon erwidert den Gruß des Meisters mit einem kurzen Heben der Peitsche.

Als ich selbst in diesen Ort komme, trennen sich unsere Wege. Ich fahre die Ybbs abwärts nach St. Georgen am Reith und über die beiden Krippberge nach Ybbsitz, Simon dagegen auf seinem sechsrädrigen Wagen in Richtung Lunz.

Vor dem Herrenhaus Groß-Pachleiten läßt er dessen Besitzer, der eben eine Kalesche besteigt, um vielleicht in seinen Betrieb ins Steinbachtal zu fahren, vor, geht eine Weile neben den Pferden und quert schließlich auf einer Brücke die Ybbs. Die nun kilometerweit fast unmerklich, aber dennoch ansteigende Straße sowie die Sonne setzen ihm zu, lassen ihn diesmal sogar die kurze Rast am Schnallenhaus genießen, auch wenn das Zahlen der Maut lästig ist und seinen Verdienst kräftig schmälert. Ob er, dessen treue Gefährten wenig später in Lunz wie von selbst zum Brunnen beim Gasthaus „Zur Taverne" abbiegen, auch etwas trinken wolle? Simon nickt nur, packt im Garten seine mitgebrachten Sachen

Gegenüber dem Radstatthof befindliches Wegkreuz

aus und stärkt sich. Nur kurz, denn er weiß, geht es auch zum Amonhaus, zur Kirche und dann noch ein gutes Stück recht problemlos weiter, die Strecke über den Grubberg ist entscheidend. Muß er warten, hat er für die Jause noch immer Zeit. Findet er jedoch rasch einen geeigneten Vorspann und erreicht die Höhe bereits zu Mittag, gibt es ohnedies warmes Essen.

Im Gasthaus Weißenbach, jenem Ort, wo sich die Bauern mit ihren Rössern einfinden, hat er Glück. Weniger freut es ihn, daß hier schon wieder Maut eingehoben wird. Da es aber, anders als im Winter, wo manchmal Schneestürme toben und meterhoch ausgeschaufelt werden muß, von der Witterung her lediglich heiß ist, kein Rad oder sonst etwas am Wagen gebrochen ist, betritt er, früher als erwartet, die Gaststube des Grubbergwirtes. In dieser geht es wie immer hoch her, die Fuhrleute kennen sich, und einer von ihnen fordert Simon auf, sich zu setzen. Ruhiger wird es erst, als aufgetragen wird: Geselchtes mit Sauerkraut, grobe Grießnockerl und Bier lassen auch die lautesten Gespräche verstummen.

Gerade als er einmal aus dem Fenster blickt, zieht sich über dem Scheiblingstein ein Gewitter zusammen. Da es in seine Richtung jedoch blauen Himmel gibt, läßt er sich vorerst noch Zeit, spannt aber dennoch bald die Pferde ein und fährt weiter. Jetzt schiebt das Gewicht seiner Fracht, daher legt er eiserne Schuhe unter die Räder, bis er diese unten wieder entfernt und nach einer kurzen, nur leicht fallenden Wegstrecke Gaming erreicht. Vorbei an den kleinen, mit ihren spitzen Dächern jedesmal die besondere Aufmerksamkeit Simons erweckenden Häusern der Mönche, dem mauerumgürteten Kartäuserkloster, geht es nunmehr der Erlauf entlang, und da es bis Scheibbs, dem Ziel seiner Fahrt, doch noch einige Stunden dauert, legt er sich ins Zeug. Dennoch, als er sich diesem nähert, ist die Sonne längst untergegangen, der Wächter am Tor hat bereits die Schlüssel in der Hand, das heißt, wäre Simon irgendwo länger aufgehalten worden, stünde er jetzt draußen. So aber gelangt er noch rechtzeitig in den Hof des Provianthändlers, stellt dort seinen Wagen ab, geht mit den Pferden zu einem nahen Gasthaus, tränkt, füttert und putzt die Tiere wie jeden Abend und beschließt, den Tag mit einem kräftigen Schluck auch für sich selbst ausklingen zu lassen.

Als er in die Wirtsstube tritt, brennen auf den Tischen bereits die Kienspanleuchter. Morgen will er sich noch um die von Göstling mitgenommenen Nägel kümmern, denkt er, und daß sein Auftraggeber das Verlangte bekommt. Dann sucht er seine Kammer auf, legt sich ins Bett, zieht die grobe Schafwolldecke bis unter das Kinn und schläft ein ...

„Ein Tag war zu Ende gegangen, ein Tag im Jahre 1755", so beschließt jener seine Geschichte, der, nachdem diese fast zweieinhalb Jahrhunderte lang nur mündlich überliefert worden war, sie später zu Papier gebracht hat. Als ich meine beende, bin ich ebenso müde. Ob sich ihrer auch einst jemand erinnern und davon erzählen wird?

Der Schichtturm in Eisenerz

[1] *Fertiggestellt im Jahre 1561 und benannt nach den ab 1625 für deren Erhaltung maßgeblich verantwortlichen drei Märkten Scheibbs, Purgstall und Gresten.*

[2] *Die von Kappo angegebenen Datierungen sind nicht mehr vorhanden. Deutlich sichtbar ist an der Südseite des Hauses hingegen nur die Jahreszahl „1594", welche in Zusammenhang mit der Anbringung des Sgraffito-Dekors sowie der beiden Sonnenuhren stehen könnte. Wie weit aufgrund der letzten Restaurierungen das heutige Erscheinungsbild tatsächlich noch aus dieser Zeit stammt, ist fraglich, ebenso, warum der Autor eine Monduhr erwähnt.*

[3] *Die früheste sicher nachweisbare schriftliche Nennung des Hofes stammt aus dem Jahre 1434. Sie ist im großen Admonter Stiftsurbar im Abschnitt Palfau – Landl zu finden und lautet „Mayr in Rastat" (1448 in der Schreibweise „Mair in Rastat"). In einem späteren Urbar von 1471/72 heißt es dann in der Rubrik „institutio de villicis" (Stiftzins von den Höfen) erstmals „Mair am Radtstatthove".*
(Auskunft: Dr. Johann Tomaschek, Stiftsarchivar in Admont, dem auch für weitere Hinweise herzlichst gedankt sei).

LITERATUR

EHEIM, F.: Heimatbuch der Stadt Pöchlarn, Pöchlarn 1967 – KAPPO, JOHANN: Der Radstatthof in Landl. In: Deutsche Heimat, Bd. 9, S. 103 ff., Wien 1914 – KÖSTLER, HANS JÖRG: Die ehemaligen Eisenwerke in Reichraming, Weyer, Kleinreifling und Laussa seit Mitte des 19. Jahrhunderts. In: Oberösterreichische Heimatblätter, 52. Jg. 1998, Heft 1/2, S. 29 – KUSTERNIG, ANDREAS: Seines Glückes Schmied. Die Eisenwurzen und der Aufstieg des Andreas Töpper, S. 37–76, Scheibbs 1987 – MAYER, JULIUS: Beiträge zur Geschichte des Scheibbser Eisen- und Proviskthandels. In: Jahrbuch für Landeskunde von Niederösterreich, NF 9, Jg. 1911, S. 211 ff. – RICHTER, FRIEDRICH / SETTELE, MATTHIAS / SOBOTKA, WOLFGANG / ZAMBAL, WALTER: 800 Jahre Waidhofen an der Ybbs, Waidhofen 1986 – SANDGRUBER, ROMAN: Die Eisenwurzen, I/133. In: Niederösterreichische Wirtschaftschronik, Wien 1994; Ökonomie und Politik, Österreichische Wirtschaftsgeschichte vom Mittelalter bis zur Gegenwart, Wien 1995 – SCHACHINGER, COELESTIN: Geschichte des Marktes Purgstall a. d. Erlauf, Purgstall a. d. Erlauf 1913 (2. Aufl. 1973) – SEEFRIED, OTTO: Geschichte des Marktes Gresten, Gresten 1933 – WERNER, ERNST (Hg.): Österreichs Wiege – Der Amstettner Raum, Amstetten – Waidhofen a. d. Ybbs 1966

Zum Radstatthof: Bedeutendstes Sgraffito-Haus im ländlichen Raum des Bundeslandes Steiermark. Denkmalschutz seit 1979. Renoviert in den Jahren 1964/65, 1984 und 1999.
Dazu gehörten eine Alm im Schwabeltal, eine Schmiede, eine Wagnerei sowie ein Holzbezugs- und Fuhrrecht. Erstmals 1434 erwähnt, bestand auch bereits früh das Recht, Wein auszuschenken und Fuhrleute zu beherbergen. Eine Besonderheit am Haus selbst sind die unsymetrisch angeordneten, verschieden großen Fenster und zwei (sic!) Sonnenuhren *(Entgegen Inschrift auf einer an der Straße angebrachten Tafel)*. Nach J. Kappo (s.o.) ist der wertvolle Wandschmuck des Hauses hervorzuheben. Motive daraus fanden, als 1980 das Sgraffito am alten Eisenerzer Rathaus nachgestaltet wurde, u. a. auch dort Verwendung. Im Jahre 2001 Verleihung des „Geramb-Dankzeichens für gutes Bauen", einer Würdigung beispielhaften Umgangs mit alter Architektur sowie damit verbundenem großem persönlichem Engagement ihrer Besitzer.

Als Grundlage der Geschichte des Proviantführers Simon diente jene von **Eduard Kemetmüller** aus Göstling an der Ybbs nach einer mündlichen Überlieferung aufgezeichnete Erzählung „Ein Tag an der Eisenstraße", welche erstmals anläßlich des Zweiten Elisabeth Kraus-Kassegg-Literaturpreis-Wettbewerbes im März 1998 veröffentlicht und ausgezeichnet wurde.

*Blick von der Wiesenalm (Hochkar)
auf die Südwestseite des Dürrenstein*

MIT DEN DEUTSCHMEISTERN ÜBER DEN DÜRRENSTEIN

Ging ich an eine neue Arbeit heran, bedurfte dies meist eines Anstoßes. Interessante Menschen, aussterbende Bräuche, aber auch alte Häuser waren es, und eigentlich kam ich gar nicht mehr auf den Gedanken, daß es noch etwas anderes sein könnte. Bis zu jenem Tag, an dem ich Leo N. Tolstois Roman „Krieg und Frieden" in die Hände bekam, von ganz oben, der sogenannten Weltliteratur, auf Ereignisse des Jahres 1805 in dieser Gegend aufmerksam gemacht wurde und nicht mehr loslassen konnte.

Ungefähr um diese Zeit war es auch, daß ich zum ersten Mal von der Absicht der zuständigen Stellen erfuhr, die offizielle Ausstellung des Landes Niederösterreich im Jahre 2007 im Mostviertel abhalten zu wollen. Sofort waren verschiedene Orte im Gespräch, St. Peter in der Au, Waidhofen an der Ybbs, aber auch das Habsburger-Schloß in Wallsee, dessen Erhaltung schon längst zum Problem geworden war. Vom Thema her überlegte man sich etwa die Bauernkriege, den dreimaligen Durchmarsch der Franzosen durch dieses Gebiet, aber auch Friedvolleres. Im Frühjahr 2002 hielt man bei Bürgern, Bauern und Edelmännern, diskutierte immer noch und machte die letzte Entscheidung von der noch im darauffolgenden Sommer zu treffenden Wahl der Veranstaltungsstätte abhängig.

Mein Wunschtraum war schließlich nicht dabei – weder die gegen Ende des 16. Jahrhunderts aufgrund unsäglicher Mißstände und Unterdrückungen seitens der Grundherren unter den Bauern ausgebrochenen Unruhen noch die Truppenbewegungen Napoleons, obwohl gerade 200 Jahre her und einer eingehenden Betrachtung sicher würdig. Also Grund genug, selbst etwas zu tun, zu recherchieren, um, dem Anlaß entsprechend, wenigstens Ereignissen während der sogenannten Franzosenzeit nachzugehen.

Schon im März des Jahres 1797 hatte Napoleon nämlich zum Marsch gegen Wien angesetzt, und da Erzherzog Karl, ausgehend von Italien, die Alpenländer preisgeben mußte, wurde gegen den bereits in die Steiermark eingedrungenen Feind in den oberen Tälern der Ybbs und Erlauf der Landsturm ausgerufen. Über Göstling und die Mendling zog man daher nach Palfau, konnte wegen eines in Leoben abgeschlossenen Waffenstillstands jedoch bald wieder heimkehren, ohne daß es zu Kampfhandlungen gekommen war.

Erstmals wirklich besetzt wurde der südwestlichste Teil Niederösterreichs im Dezember des Jahres 1800. Der Gegner hatte den Inn überschritten, trieb die österreichische Armee vor sich her und rückte gegen Steyr vor. Das in dieser Stadt am Christtag ausgehandelte Abkommen legte schließlich die Erlauf als östlichste Grenze des besetzten Gebietes fest, so daß der gesamte nördliche Teil des Bezirkes Amstetten in fremder Hand war. Bis zum

Gedenksäule zur Erinnerung an den im Jahre 1805 erfolgten Durchzug der Franzosen in Langau an der Bundesstraße nach Mariazell

26. Dezember folgten das mittlere Ybbstal mit Waidhofen und Ybbsitz sowie anschließend Opponitz, Hollenstein, St. Georgen am Reith und Göstling.

Führte zum Beispiel in Waidhofen die zwischen Weihnachten und Neujahr stattfindende Einquartierung von anfangs an die 7.000 Franzosen zu größten Problemen, lagerten im nahen Ybbsitz ebenfalls über 1.000 Mann. Sie machten den Markt sowie die Umgebung unsicher, sorgten für unbezahlte Rechnungen – nicht nur in Wirtshäusern – und verursachten insgesamt enormen Schaden. Zwei französische Soldaten trieben es so arg, daß sie kurzerhand erschlagen und, da man die Rache der anderen fürchtete, auch gleich begraben wurden. Will man der Sage glauben, waren es jedoch an die zwanzig, deren Fäuste sich daraufhin durch die Erde bohrten und die Ybbsitzer selbst im Tode noch erschreckten.
  Trotz des Friedens von Luneville (9. Februar 1801) zog der Feind erst Mitte März des nachfolgenden Jahres ab. Offiziell wurden eine riesige Summe Geldes, aber auch Naturalien gefordert, wobei die Verhandler noch Zusätzliches für sich verlangten. Schließlich zahlte man und war froh, überhaupt davongekommen zu sein.
  Um die durch die französischen Requisitionen entstandenen Schäden vor allem in der ärmeren Bevölkerung zu mildern, liefen Hilfsmaßnahmen an, an denen sich sogar Kaiser Franz beteiligte. Hatte man vorerst noch, wie während des ersten Krieges (1797), zumindest mit Rüstungsaufträgen des Staates für die Schmiede gerechnet, blieben diese nun ebenfalls aus. Also hoffte man auf insgesamt bessere Zeiten und war bestürzt, als nicht einmal fünf Jahre später Napoleon abermals gegen Österreich und seine Verbündeten ins Feld zog. Doch zurück an den Anfang, zu Tolstoi, meinen unerfüllten Hoffnungen und zu jener Geschichte, die im folgenden ihren Ausgang nimmt.

Im Roman, fernab von St. Petersburg und Moskau, plötzlich den Wirren dieses neuen Krieges, der Schilderung des russischen Rückzuges über die Enns, der Beschreibung der Gegend um Steyr, Amstetten und Melk zu begegnen, war faszinierend. Auch Namen wie Kutusow, Bonaparte oder solchen österreichischer Heerführer. Also warum nicht tiefer eindringen in das Geschehen, Interessantes aus heutiger Sicht oder anhand wiederentdeckter Aufzeichnungen ergänzen? Tat sich nicht an der Grenze zur Steiermark, im Ybbs- und im Erlauftal, ebenso Entscheidendes?
  Ich stöberte in Archiven und erinnerte mich vor allem an eine Begebenheit, welche schon Elisabeth Kraus-Kassegg in ihrem Werk „Die Herren von Amon und ihre Frauen" schildert, freilich ohne genauere Angaben. Nur soweit, daß Johann Franz von Amon im November 1805 zwei versprengte österreichische Kompanien unter eigener Lebensgefahr vor der Gefangennahme durch die Franzosen bewahrt und über den Dürrenstein in die Freiheit geführt hatte. Ebenso, daß ihm der Kaiser dafür höchste Anerkennung zollte, ihn mehrmals in seinem Haus besuchte und auszeichnete.

Der Obersee (1.113 Meter). Dahinter die Kesseln und die Nordflanke des Dürrenstein

Wie kam es dazu? Welche Ereignisse gingen dieser mutigen Tat eines Lunzer Hammergewerken voraus? Was steht in der übrigen Literatur? Gibt es außer den bekannten Quellen noch weitere? Oder verhielt es sich überhaupt anders? Hat Amon nur einen Führer gestellt, um in solchen Zeiten die Lunzer nicht allein zu lassen? Manche behaupten das. Aber da die Aktion an sich unbestritten ist, lasse ich nicht davon. Vielleicht gelingt es mir, mehr darüber zu erfahren.

Wie schon in den Jahren davor fällt die Hauptlast der Kriegsführung auch 1805/1806 wieder auf die Österreicher. Nachdem man anfangs die Entscheidung bereits in Italien erwartet und dort die meisten Truppen zusammengezogen, Napoleon dies jedoch erkannt und sich gegen den bei Ulm auf Kutusows Armee wartenden Feldmarschall Mack gerichtet hatte, kapituliert dieser und öffnet damit den Franzosen den Weg nach Wien. Nur dem österreichischen Feldmarschall-Leutnant Merveldt gelingt es, sich zu den bei Braunau wartenden verbündeten Russen durchzuschlagen, er trennt sich während des Rückzuges über die Traun jedoch wieder von ihnen und geht mit seinem Korps nach Süden. Dieser zuletzt im Generalsrang der Kavallerie stehende Maximilian Graf Merveldt (1764–1815) ist es auch, der, nachdem er den Kampf um Steyr ebenfalls verliert, mit seinen Truppen in der Folge ennsaufwärts in Richtung Altenmarkt marschiert und für unsere weitere Geschichte bestimmend wird.

   Da sein Korps an Proviantmangel leidet, Kaiser Franz überdies in einer solchen Trennung eine weitere Schwächung der österreichisch-russischen Kräfte sieht, schickt Merveldt von Weyer aus eine Vorhut Ulanen nach Waidhofen. Als diese anstelle eines freien Weges zurück zur Donau auf Truppen des von Steyr über Seitenstetten dort einrückenden französischen Marschalls Davoust treffen, zieht ersterer es vor, ins obere Ybbstal auszuweichen, und gelangt vom 5. bis zum 7. November über Hollenstein, St. Georgen am Reith sowie Göstling vorerst nach Lunz.

   Wieder besetzen fremde Soldaten Städte, Märkte und Dörfer, etwa 25.000 Mann des Korps von Davoust ziehen zur gleichen Zeit durch Waidhofen, Ybbsitz sowie Gresten nach Gaming. Zwar ist es nicht die große feindliche Armee – sie folgt weiter nördlich der Landstraße nach Wien –, dennoch gibt es die gefürchteten Plünderungen. Vor allem Schuhe, Brot, Ochsen und Hafer sind gefragt, viele Bewohner werden drangsaliert, und kann man nicht für alle und alles Unterkünfte besorgen, werden die Pferde einfach in die Häuser gestellt. In Ybbsitz nächtigen Marschall Davoust sowie die Generäle Dumas und Petit, die Schnecksonnleiten, das heutige Bauernhaus Pfandl, fällt Brandstiftern zum Opfer, und der Besitzer der Schrottmühle in Klein-Prolling sowie jener von Klein-Haselstein am Prochenberg werden getötet.

   So bewegen sich, vorerst noch durch verschiedene Täler getrennt, zwei Truppenkörper nach Osten: die verbliebenen, seit ihrem Rückzug von Ulm unter ärgsten Strapazen leidenden österreichischen Bataillone und Reiterschwadronen Merveldts, und einen Tag später entlang der Kleinen Ybbs, dann in südliche Richtung gegen den Grubberg zu jener

*Felsinsel mit Baumgruppe
inmitten des Obersees*

des Marschalls Davoust, der von Napoleon durch die weitläufige Umgehung zur endgültigen, im Raume von St. Pölten geplanten Vernichtung der Kutusow-Armee vorgesehen ist. Marschall Davoust ahnt jedoch nicht, dabei auf die Nachhut Merveldts zu stoßen. Dieser, wesentlich besser informiert, weiß um die nahende Gefahr, bestimmt je ein Bataillon zur Absicherung der Übergänge nach Ybbsitz und Gaming, mit dem Befehl, sich nach dem Durchzug seiner Truppen der Nachhut anzuschließen.

Hier greife ich zum ersten Mal nach heimischen Chroniken. Vom Bauern in der Grubwies und seinen tapferen Gefährten ist die Rede, die sich dem heranrückenden Feind entgegenstellen und Merveldt jenen Vorsprung verschaffen, der ihn, ohne sich stellen zu müssen, vorerst bis Neuhaus bringt. Freilich umsonst. Auch mehrere Gefechte, Kanonen und blutige Handgemenge können den Franzosen nicht Einhalt gebieten, so daß ein Teil dessen, was von der einst so siegessicher ausgezogenen österreichischen Armee übriggeblieben ist, hier ihr Ende findet. Er wird von den Kräften Davousts aufgerieben.

Auch von „Franzosenkreuzen" am Grubberg und in der Langau lese ich. Einer „Franzosenwiese" auf dem Durchlaßsattel. Allesamt Zeugnisse der Anfang November 1805 hier stattgefundenen kriegerischen Ereignisse. Der Amtmann und Hammerherr Amon kommt ins Spiel, seine Rolle als umsichtiger Vermittler, als Beschützer der heimischen Bevölkerung. Und wieder als Retter jener zwei Kompanien österreichischer Deutschmeister hinten in der Länd, die ohne ihn in Feindeshand gefallen wären.

All das geht mir durch den Kopf, während ich Briefe schreibe, Karten studiere und, da es langsam Frühling wird, meinen eigenen Gang über den Dürrenstein vorbereite. In höheren Lagen liege noch Schnee, wurde mir gesagt, also übe ich mich in Geduld und besuche vorerst andere Plätze. Das Waidhofner Heimatmuseum, das Lunzer Amonhaus, aber auch die oben erwähnten Stätten, deren Namen und Aufschriften an alle diese Ereignisse erinnern. – In Waidhofen sind es ausgestellte Bilder, die den Dezember des Jahres 1800, die Tage des März 1801 sowie jene des November 1805 aufleben lassen. In Lunz gibt es sogar noch das Kaiserzimmer. Und nicht nur in einem Raum des prächtigen Gebäudes blicken Mitglieder der Familie Amon von den Wänden.

Wieder zu Hause, ist es besagter Roman Kraus-Kasseggs, der mich einstimmt. Bis, ja bis es endlich so weit ist, daß man schönes Wetter voraussagt und ich deshalb beschließe, am nächsten Morgen aufzubrechen.

„Schon zwei Tage sind wir am Mittersee. Da hab ich mich in dieser Maschkerad auf den Weg gemacht, mitten durch den Feind, um Euch um Hilfe zu bitten."
Dichtung und Wahrheit – es ist beides. Zum einen der im Speisesaal mit Offizieren Napoleons tafelnde Hammerherr sowie der in einen lodenen Wetterfleck vermummte, dieses Anliegen vorbringende österreichische Soldat. Und zum anderen, als ich in Lunz die enge

Blick vom Lehardikreuz hinunter zur Herrenalm

Ortsdurchfahrt wähle, das Amonhaus. Auch das Kreuz am Ufer, die Kapelle, werden Wirklichkeit und dahinter, im Nebel, der noch schlaftrunkene See.

Schloß Seehof! Einst Mittelpunkt der gleichnamigen Siedlung, Kartäuserbau, und mit Gaming seit alten Zeiten verbunden. Unter Prior Hilarion Danisius im frühen 17. Jahrhundert erbaut, spielt das ursprüngliche Haus auch am von Lunz her über den Durchlaßsattel nach Langau und Mariazell führenden alten Wallfahrerweg eine Rolle, indem es vor allem vornehme Reisende beherbergt. Einen gleich auf den höchsten Punkt meiner geplanten Wanderung, nämlich die Herrenalm, nehmenden Bezug weist es ebenfalls auf. In seinen ausgedehnten Stallungen stand das Vieh; dieses wurde im Winter dort abgetrieben und in tiefere Lagen gebracht.

Während die oben erwähnte Route bald linker Hand den Berg hinaufführt, gehe ich auf fast ebener Strecke weiter. Zwischen vorerst die Straße säumenden Bäumen geradewegs gegen Süden, auf jenen tiefen Einschnitt zwischen dem Hetzkogel und dem Scheiblingstein zu, der das Seetal bildet. Hatte sich die Sonne anfangs nur zögernd, dann aber doch gezeigt, verschwindet sie jetzt, da ich den Wald erreiche, ganz. Nur die Kühle bleibt, nimmt entlang des Wassers noch zu und bringt mich, der ich die für alle Fälle im Rucksack verstaute wärmere Kleidung trotzdem dort belasse, zügig voran. Abwechselnd zerstreut umherliegende große, oft bis oben hin bemooste Steine, entwurzeltes Holz, dazwischen Farne – plötzlich, nach fast einer halben Stunde, eine sich öffnende Lichtung.

Wieder geht die Phantasie mit mir durch: Franzosen! Erstmals 1797 ist der Feind bis Rottenmann, Admont und Eisenerz vorgedrungen. Sind es nicht einzelne vor ihm über die Berge nach Norden Flüchtende, die da aus dem Schatten treten? Und dort! Die lagernden Soldaten: Sind es nicht jene, welche acht Jahre später auf die Hilfe Amons warten? Antwortet nicht deren Hauptmann, nach der Stärke seiner Leute befragt:

„An die zweihundertfünfzig Mann werden es wohl sein. Auch etliche Versprengte von anderen Kompanien. Die Verpflegung macht mir die meiste Sorge, in der letzten Woche hat es bei großen Anstrengungen schon sehr damit gehapert. Wir sind vom Wiener Hausregiment und im Gebirge recht unsicher".

Daneben, zwischen ansteigenden Felsen mehrere Gebäude, riesige Kohlenmeiler, Feuer, Rauch. Menschen, Fuhrwerke, geschäftiges Treiben und auf einer Anhöhe ein kleines Haus. Hier also – und damit ist der Spuk auch schon wieder zu Ende – hat alles seinen Anfang genommen. Die bis zum Kaiser gedrungene, fast vergessene Geschichte um Amon, und dreißig Jahre später etwas, dessen Auswirkungen noch heute erkennbar sind.

Es ist Andreas Töpper, seines Zeichens seit 1818 Besitzer eines Eisenhammers draußen in Neubruck sowie bald darauf weiterer Betriebe im Ybbs- und Erlauftal, der damals dringend Kohle braucht, Holz, wo immer er dessen habhaft werden kann, kauft und es diesem Zweck zuführt. Ist die Befeuerung der Essen wegen des immer größer werdenden Bedarfes andernorts schon zum Problem geworden, gibt es hier zwar noch genügend

Die Halterhütte auf der Herrenalm

Wald, doch die gefällten Stämme ins Tal zu bringen, ist schwierig. Wasser aufzustauen, es abzulassen und als Transportmittel zu verwenden, bleibt also die einzige Möglichkeit. Und daß dieses hier wie kaum anderswo dafür geeignet ist, erkennt der technischen Dingen aufgeschlossene Töpper sofort, schließt mit der Herrschaft Gaming 1833 einen langjährigen Abstockungsvertrag und beginnt sein Werk. Er errichtet Dämme, Schleusen, Kanäle und Rechen, erhöht den Wasserspiegel des Mittersees, läßt unzählige im Weg liegende Felsen sprengen, planiert und schafft auf diese Weise die Länd.

Links und rechts bis zum Obersee hinauf wird gerodet, auf dieser Strecke entgeht kein auch nur halbwegs verwertbarer Baum seiner Hand. Was damals vielen Familien den Erwerb und damit das Leben in dieser Gegend ermöglicht – aus heutiger Sicht ist es Raubbau an der Natur, der sich nicht einmal eine Generation später rächt, als nach einem Wolkenbruch alle Wasser auf einmal den Dürrenstein herabschießen, Mühlen, Übergänge und Stege mitreißen, Häuser überfluten und, fast möchte man meinen als Ironie der Geschichte, Töppers erste Heiligenbrücke in Kasten zerstören sowie sein eigenes Werk wochenlang stillstehen lassen. Ob er, der damals am Höhepunkt seines Erfolges befindliche Industrielle, daran denkt, sich ein Gutteil dieses Unglücks selbst zuschreiben zu müssen?

Eine den Waldrand entlang führende Abkürzung bringt mich auf andere Gedanken. Abermals tritt die Natur in den Vordergrund: Vogelgezwitscher und, als ich wieder an der Straße bin, das Rauschen des Baches. – Eintönig geht es bergauf. Wie von mächtiger Hand bewegte, dann liegengelassene Felsblöcke zu beiden Seiten, da und dort ein Sonnenstrahl, daneben tiefes, den Boden bedeckendes Grün. Wo sich Ausblicke auf das Wasser ergeben, Reste der ehemaligen Trift. Eine letzte Steigung, eine Bank, gleich darauf durch die Bäume sichtbar, das Ufer eines Sees.

Ein Bootshaus, eine Entenfamilie, die das Weite sucht, sonst Stille. Wohl kaum jemals noch von so vielen Menschen bevölkert wie zu Zeiten eben jener Ereignisse im Jahre 1805, auch nie wieder seit Töpper. Höchstens Adolf Hitler hatte noch ein wenig Unruhe in dieses Tal gebracht, als man oben am Berg die Kälte im Grünloch nutzte und von hier aus eine Materialseilbahn betrieb. Heute ist es die Jagd, die es manchmal mit Leben erfüllt, sind es der Forst und die Fischerei oder Wanderer, die bergwärts ziehen, wie ich.

Hatte mich der prächtige Tag sowie der angebrachte Hinweis „Zweieinhalb Stunden bis zur Herrenalm" schon verführt, mein Vorhaben recht gemütlich anzugehen, so heißt es jetzt, da ich bereits fast die Hälfte dieser Zeit unterwegs bin, Tempo zuzulegen. Dennoch, immer wieder gibt es Überraschendes: der den Zufluß zum Mittersee bildende und bisher nicht sichtbare Bach ist wieder da, der seitlich vom Fels mehr als sechzig Meter in die Tiefe stürzende „Ludwigfall", der Talschluß, die „Rainerquelle". Meine vergebliche Suche nach dem „Brüllenden Stier" – einer Felsnische, in der man angeblich unterirdisches Wasser rauschen hört – verzögert ebenso alles. Bis ich beim Obersee bin, ist wieder eine Stunde vergangen.

Die Herrenalm (1.327 Meter), eines der größten und schönsten Weidegebiete Niederösterreichs. Im Hintergrund der Ötscher

Als ich an das Ufer trete, verkündet der Flügelschlag auffliegender Gänse mein Kommen. Die kleine Felsinsel, ein hoch oben seine Kreise ziehender Habicht, besonders aber der Blick auf den Dürrenstein zwingen mich, innezuhalten. Der Griff zur Kamera ist unausbleiblich und, da ich um den nun folgenden steilen Anstieg weiß, auch jener zum Proviant. Zu einladend ist die Bank, als daß ich ihr widerstehen könnte. Also setze ich mich, halte das Gesicht in die Sonne und blinzle durch die halbgeschlossenen Lider ...

Noch unwirklicher scheinen jetzt die Bäume inmitten des Sees, das Zittern über dem Wasser, die erneut landenden Vögel. Noch ferner die grünen Hänge, die Herrenalm. Ganz weit weg schließlich, bis hinter mir hörbare Stimmen von Kindern die Idylle beenden, die Gänse sich abermals in die Lüfte erheben, und ich mich wieder auf den Weg mache.

Jetzt gehts bergauf. So richtig über Stock und Stein, den Sinn notwendigerweise eher Unmittelbarem zugetan als infolge dichten Waldes ohnehin kaum möglichen Ausblicken. Eine halbe Stunde ist laut Karte vorgesehen. Ich schaffe es auf meine Weise, halte mich lieber an Wurzeln, Sträuchern sowie herabhängendem Astwerk als an Vorgaben, trete nur wenig später dennoch oben ans Licht und stehe unter dem Lehardikreuz.

Eine weitläufige Alm breitet sich aus. Links in einiger Entfernung der Ötscher, rechts die ansteigende Flanke des Dürrenstein, mittendrin eine Senke und – gerade noch sichtbar – ein mit Holzschindeln gedecktes Dach. – Hier fühlen sie sich zum erstenmal frei, die noch in der Nacht mit Fackeln vom Mittersee aufgebrochenen Deutschmeister, welche, trotz des schon eingesetzten Winters, den steilen und vereisten Pfad in recht kurzer Zeit heraufgekommen sind. Die Truppen Merveldts sind aufgerieben, der Kommandierende selbst ist unterwegs in Richtung Süden. Auch der am Vortag aus der Gegend um Neuhaus und Mariazell noch zu vernehmende Kanonendonner hat aufgehört. Sie sammeln sich, teilen sich in Gruppen auf, bevor es vermutlich über den Kamm des Hochalpl auf die Grubwiesalm und weiter ins Tal der Salza geht.

Ich überlege, wegen des prächtigen Wetters einen Umweg über den Gipfel zu machen, genieße die herrliche Aussicht hinein ins Steirische, lasse den Blick vom Traunstein zur Donau bis hin zum Schneeberg streifen, breche jedoch bald wieder auf und gelange in einer Stunde zurück zur Herrenalm.

Selbst Fakten beschreiben das Weitere ungenau. Auch, wie sich erst später herausstellen soll, wohin der Weg die Flüchtenden wirklich führte, wird lediglich angenommen. Doch dies tatsächlich zu ergründen, ist schwierig. Ohne die Hilfe Einheimischer sowie die Genehmigung, das dazwischen liegende sensible Gebiet überhaupt aufsuchen zu dürfen, wird es nicht gehen. Ich schreibe daher Briefe, lege der zuständigen Forst- sowie der örtlichen Schutzgebietsverwaltung meine Bitte dar und werde erhört. Deshalb nicht umkehren, sondern weitermachen, ist die Devise. Die Steiermark lockt und ist, wie seinerzeit den Deutschmeistern, mein Ziel.

Unterhalb des Glatzingrückens, von den Einheimischen auch „Rosengarten" genannt. Links die Grasböden der Herrenalm

Aber, war es wirklich derselbe, zuletzt so beschwerliche Steig? Marschierten sie vielleicht doch nicht die direkte Linie, sondern vorerst das Südufer des Obersees entlang hinein zu den Kesseln und von dort auf die Alm?

Vier Wochen später blicke ich von deren äußerstem Rand auf die betreffende Stelle hinab. „Es ist kaum in Erwägung zu ziehen, und er selbst halte es aufgrund des Geländes sogar für unmöglich". Der bärtige, mit Rucksack, schweren Schuhen, grünen Stutzen und Stöcken ausgestattete Mann hat gerade sein Jagdglas abgesetzt, nimmt die halblaut vor mich hingesprochenen Worte auf und verneint. Er, der ehemalige Förster, hat Interesse an meiner Geschichte, weiß wovon er spricht und ist mit dieser Gegend seit mehr als fünfzig Jahren vertraut. Da die Gewitter nahen und er selbst auch nicht bis zum Herbst warten wolle, sollten wir, so hatte er noch am Vortag gemeint, heute gehen, und war nicht wie ich von Lunz, sondern von Holzhüttenboden heraufgekommen. Kritischen Auges kontrolliert er noch mein Schuhwerk, mahnt gleich darauf zum Aufbruch und stapft vorerst in Richtung des über die Melkböden zum Dürrensteingipfel führenden Touristensteiges davon.

Rechts über uns der Rosengarten, am Boden Trittspuren von Weidevieh, Wiesenenzian, aus der Ferne der Pfiff eines Murmeltieres. Wenige hundert Meter weiter noch vom Tirolerböndl heraufdringendes Glockengeläute, dann ist es auch mir klar. Der ideale Übergang, meint mein Begleiter, links der Abfall zur Hütte, nach oben beginnender Fels, hier am Toten Mann gäbe es gar keine bessere Stelle als diese. Würde gerade noch fehlen, daß wir ein verrostetes Hufeisen finden, lacht er, stochert dabei in der Erde herum und geht anschließend weiter. – Vor einer kleinen Senke ein letzter Blick zurück zum Lehardikreuz, und wieder läßt das Gelände es nur an einer Stelle zu. Nicht oberhalb und nicht unterhalb – ein Übergang scheint tatsächlich allein am Fuße des Hochalpl möglich gewesen zu sein.

Uns talwärts haltend, stoßen wir auf einen alten Treibweg. Wird wohl der zur Grubwiesalm sein, höre ich vor mir, und daß es eben nicht direkt sein ehemaliges Revier gewesen sei, durch das wir kommen. Dennoch merke ich in allem, in jedem Blick, in jeder Bewegung, den Fachmann: Ob es sich um das Entdecken gerade noch sichtbarer Kerben in Baumstämmen handelt, das Erkennen einst abgeschlagener, verletzter Wurzeln oder das Deuten zusammengelegter Steine. Letztere dienten ja heute noch Jägern und Hirten zur Orientierung, falle etwa Nebel ein oder gar Schnee, erklärt er mir.

Dort, und damit zeigt er auf eine am oberen Ende der Lichtung stehende riesige Buche, dort komme man seiner Meinung nach weiter zum Pfaffeneinstand. Mit traumwandlerischer Sicherheit geht er auf sie zu und deutet mir zu folgen. Gerade als ich das an ihr handtellergroße fehlende Stück Rinde entdecke, bleibt er jedoch stehen, beugt sich über ein Blatt und beobachtet die Umgebung aufmerksam.

Ob ich das kenne? Vorsichtig nimmt er etwas zwischen seine Finger und streckt es mir entgegen. Adlerflaum! Ein sicheres Zeichen, daß einer dieser Vögel hier etwas geschlagen hat und dann wieder in sein Reich, etwa auf die Gindelsteinscharte oder – wie vor noch nicht allzulanger Zeit – auf den Scheiblingstein zurückgekehrt ist. Ob sie jedes Jahr hier nisten? Das sei nicht sicher. Ihnen und den Jungen bei ihren Flugübungen zuzuschauen, das sei jedoch ein Erlebnis, freilich auch ein seltenes.

Schneehuhn, Birkhuhn, Auerhuhn und Haselhuhn, alle vier heimischen Rauhfußhuhnarten kommen hier vor. Zumindest im unmittelbar angrenzenden Wildnisgebiet, das den einzig nennenswerten Urwaldrest im westlichen und alpinen Mitteleuropa mit einschließt. Auch bezüglich der Großvögel, wie eben den Steinadler, den Schwarzstorch, den Wanderfalken, Wespenbussard und den Uhu, gibt es jetzt Aufzeichnungen, meint der nun wieder den Weg fortsetzende Mann.

Viel Mittel habe man gegeben, von Brüssel, vom Bund und vom Land. Vier Jahre lang seien außerdem nicht nur Fledermäuse, Spechte, Käfer, Ameisen, Insekten, Fliegen, Bienen und Wespen, Falter, Heuschrecken, Libellen, praktisch alles, was da kreucht und fleucht, untersucht worden. Auch die Pilze, der Wald, das Gras sowie die anderen Lebensbereiche rund um den Dürrenstein. Was es gebracht habe, werde man sehen. Er selbst halte nur von Maßnahmen etwas, mit denen man vielleicht Windwürfe, Hochwässer, allzu strenge Winter oder sonstige Naturgewalten verhindern könnte, aber sonst?

Letzte Schneereste in Dolinen, schütterer Fichten- und Buchenbestand, vereinzelt Bergahorn, die Gegend wird im Frühsommer vergangener Jahrhunderte kaum anders gewesen sein. Als die Herrenalm noch Tekleinsalm hieß und der Dürrenstein als „Tirenperch", also nicht als dürrer, trockener, sondern als tierreicher Berg, bezeichnet wurde. Damals, als es um Lunz am See bereits keltische Siedlungen gegeben hat und das Gebiet wahrscheinlich von dort aus in Besitz genommen wurde, dann den Kartäusern Gaming und viel Land zufiel, „Rottwald" zum „Luntzer Ambt" gehörte und schon deswegen eine häufiger begangene Verbindung zwischen diesen anzunehmen ist. „Vielleicht hat ein Mönch hier heroben einmal genächtigt", deutet mein Begleiter den Namen der letzten Höhe, bevor ein verfallener Zaun den Beginn der Grubwiesalm markiert.

Vom Pfaffeneinstand führt uns ein schmaler, von kleinen Steinpyramiden gekennzeichneter Pfad zwischen Felsen, Gestrüpp, liegendem und stehendem Holz hinunter zum Gaminger Boden durch den nicht nur dem Anschein nach, sondern tatsächlich gegen Nordosten vorgeschobenen äußersten Teil des Urwalds. Nicht nur Bilder von fast zwei Meter dicken, an die sechzig Meter hohen und bis zu vierhundertfünfzig Jahre alten Buchen sowie noch älteren Fichten und Tannen werden wach. Auch die weit mehr als dreihundert Jahre währenden Streitigkeiten zwischen Gaming und Admont um die Jagd und um die Weiderechte. Der 1689 geschlossene Vergleich. Die Absicht, den riesigen Bedarf an Holzkohle auch hier zu decken und andererseits die solchem abträgliche damalige österreichisch-steiermärkische Landesgrenze sowie die Tatsache des schwierigen Transports, was mit ein Grund war, den Naturwaldrest zu erhalten, bis im Jahre 1875 Albert Rothschild die von damaligen Forstexperten für das eben von ihm ersteigerte Gebiet

*Auf dem Gipfel des
Dürrenstein (1.878 Meter)*

empfohlene „*Ordnende Hand des Menschen*" überhaupt ausschlägt und die enormen Schlägerungen stoppt.

Es ist der erneut mehr Aufmerksamkeit fordernde, teilweise durch nasses Gelände führende Weg, der mich ab nun wieder auf anderes konzentrieren läßt. Auch legt mein Vordermann plötzlich an Tempo zu und ändert ohne einen zunächst ersichtlichen Grund die Richtung: In sein früheres Revier hineinschauen wolle er, läßt er mich wissen. Es sei ohnehin nur ein kleiner Abstecher auf die Saumauer, jetzt, da wir so nahe seien ...

Wenig später breitet sich die Südostflanke des Hochalpl, die vom Hauptgipfel des Dürrenstein und dem Gindelstein überragt wird, vor uns aus. Nur flüsternd erzählt er mir vom Rotwild, das im Winter fast vollständig in die Tallagen abziehe, während es im Sommer und Herbst auch den Almbereich aufsuche, wogegen die Gams ganzjährig im Wildnisgebiet stehe. Das Rehwild wieder, das auch im Winter zu den Fütterungen dränge, finde man im Sommer dort nur bedingt. Er kenne noch jeden Steig, könne sich an viele schöne Stunden erinnern und hätte es einfach nicht zuwege gebracht, vorbeizugehn.

Ein kurzer Abstieg, und wir stehen vor der Hütte der Grubwiesalm. Nebenan noch ein Stall für krankes Vieh, ein Brunnen, ein Baum mit einem Marterl ohne Bild. Das komme erst, wenn die Alm beweidet werde, erfahre ich. Und wenn die jetzt so schönen wilden Rosen an seinem Fuße bis dahin verblühn?

Meine Frage bleibt im Raum. Wahrscheinlich weiß er, daß es nur mehr Tage dauern wird, bis auch hier Glockengeläute ertönt, vielleicht der heilige Leonhard seinen Einzug hält, und der Almsommer beginnt.

Seit geraumer Zeit schon ziehen Wolken über den Himmel. Nun, da es in Richtung Gsolriedl geht, scheint die Sonne wieder, auch die Sorgen bezüglich des befürchteten Gewitters sind vorbei. Wir betreten Almböden mit saftigem Gras, tanzenden Faltern sowie Drollblumen am Weg. Und während der Dürrenstein langsam hinter einer Höhe verschwindet, hebt sich vor uns ein neuer Horizont.

Noch wecken allerdings übereinandergelegte Steine mein Interesse – der Jäger hätte sich hier für den Schuß eingerichtet, wird mir erklärt; anschließend geht es zur Senke des Gsoltales hinab. Wieder vom Gletscher geschliffener Kalk, wieder sturmgefällte Bäume, Niederholz. Als mein Begleiter schon zum zweiten Mal unvermutet stehen bleibt, trete ich neben ihn, blicke auf ein mir unbekanntes Etwas und, obwohl es mir schon auf den Lippen liegt ...

Nicht unbedingt, meint er, obwohl in diesem Gebiet leicht möglich. Dann greift er in seine Tasche und hält mir eine kleine Dose entgegen. Pfefferspray! Freilich nur für ganz unerwartete Begegnungen, sonst meide der Bär ja den Menschen. Hochwild dagegen sei hier an der ehemaligen Reviergrenze zwischen Holzhüttenboden und Rotwald deutlich zu spüren: ein riesiger Hochstand, frische Spuren überall und eine trübe Lacke nach der anderen. Untrügliche Zeichen für dessen Anwesenheit.

Auf der Saumauer

*Blick gegen die Ostseite des Dürrenstein.
Links die Gindelsteinscharte, rechts der Kamm des Hochalpl (1.547 Meter)*

Jetzt, bereits in der Nähe des Goldspitz, zeigen sich noch einmal die Berge. Im Rücken der Scheiblingstein, der Bärenleitenkogel. Zum letzten Mal das Hochalpl, gegen Süden zu der Hochschwab und die Kräuterin – am Ende der früheren Vorweide sowie angesichts der Reste eines Pferchs zum Sammeln des Viehs nehmen wir Abschied von der Alm.

Und wieder ist es das geübte Auge des Forstmannes, das uns den Abstieg finden läßt. In Serpentinen steil hinunter, geht es bald durch Wald, bald über Lichtungen in Richtung Kleine Goldwies. Schneerosen, Waldmeister, die mandelblättrige und die zypressenartige Wolfsmilch, Seidelbast, Weißer Germer, Zahnwurz, Fuchsenkraut, nur einige der Pflanzen merke ich mir. Dort noch ein Eisenhut, eine Birkhahnlosung, als wir oberhalb der Gratzer Plan einen Hang queren und mein Begleiter mit seinem Stock überhängende Büsche abzuklopfen beginnt, werde ich neugierig. Die Kreuzottern liebten solche Plätze, meint er, warnt mich vorsichtig zu sein und vor allem nicht den Boden zu berühren. Vielleicht ist es den Reptilien heute zu wenig schwül, aber wissen könne man es trotzdem nicht!

Weiter unten entdeckt er Trockensteinmauern und rostigen Draht, auch einst gestürzte, dann zerschnittene und heute vermoderte Bäume sind ein deutliches Zeichen für den Weg. – Plötzlich bleibt er stehen. Ich, der ich seit kurzem nur mehr unmittelbar hinter ihm gehe, jeden Strauch argwöhnisch betrachte und im übrigen die Luft für das Hervorkriechen jeglichen Getiers feucht genug halte, stolpere fast über ihn, als er mir etwas zeigt: niedergetretenes Gras, offene Erde, der Schlafplatz für ein Tier? Nicht ganz, meint er, was Menschen mit Pfählen oder Steinen markieren, mache der Rehbock auf diese Weise. Setze noch etwas für die Sinne zu und sichere so sein Revier.

Das unwegsame Gelände erfordert eine ausgiebige Rast – seit unserem Aufbruch auf der Herrenalm sind mehrere Stunden vergangen. Warum ein Hirsch sich in der Brunft gerade an diesem und nicht an einem anderen Baum ausgetobt hat, ist auch meinem Begleiter nicht klar. Sehr wohl aber weiß er das Rufen des Kolkraben zu deuten: Der Jäger habe etwas liegen gelassen, jetzt verständige der Vogel seine Artgenossen und verschaffe ihnen ein Nachtmahl.

Solches und ähnliches verkürzt uns die Zeit von der Großen Goldwies hinaus zur Ois. Auch die Deutschmeister und ihre Flucht vor dem Feind kommen erneut zur Sprache. Daß, wer immer sie führte, meinem bisherigen Wissensstand entsprechend, mit ihnen von nun an nach Südwesten ging, und ich dies bei schönem Wetter ebenso machen wollte. In ein paar Tagen, ein paar Wochen, wann immer es mir möglich sein würde ...

Im Monat darauf erhalte ich Post aus Wien. War etwas anders gewesen? Hatte ich trotz sorgfältiger Prüfung aller mir bis jetzt zur Verfügung stehender Unterlagen Dinge übersehen? Zogen sie vielleicht gar nicht nach Wildalpen?

Erstmals hatte mich bereits das Fehlen jeglicher Aufzeichnungen über ein solches Ereignis in der dortigen Ortsgeschichte sowie in der Pfarrchronik stutzig gemacht. Nun, da ich es

Halterhütte auf der Grubwiesalm

Schwarz auf Weiß habe, daß sie nicht den Lassingbach abwärts trachteten, sondern nach Gußwerk, und in der Folge Anschluß an die sich nach Süden absetzenden Truppen Merveldts finden wollten, wird es klar: Sie suchten, einmal in der Niederung angekommen, den kürzesten Weg zur Salza. Aber wo? Noch stellten sich ihnen ja das Marcheck, der Grenzkogel, der Schwarzkogel sowie die Zellerhüte entgegen. Doch für Kundige gab es zwischen den beiden letzteren den Rainriedel (Lehardi[1]) und weiter die Möglichkeit, durch die Talsenke von Rotwald entweder über Lochbach oder Reislacke in das Gebiet von Greith zu kommen. Wollten sie also den über das Gebirge verlorenen einen Tag aufholen, hieß es nicht viel überlegen, bis spät in die Nacht hinein marschieren und trotz Hungers und großer Strapazen durchhalten. Ich dagegen kapituliere, sage wegen der neuen Umstände meine bereits ins Auge gefaßten weiteren Erkundigungen über die Bärenriß, nach Rotwald sowie Wildalpen ab und begnüge mich mit dem Bisherigen.

Und Feldmarschall-Leutnant Merveldt, was ist aus ihm geworden – nach seinem Entschluß, sich von Kutusow zu trennen, und seinem Plan, von Steyr vorerst durchs Ennstal nach Altenmarkt zu gehen, um von der Steiermark her die Flanken der Franzosen zu bedrohen? Dem, als er später wegen Proviantmangels zurück an die Donau will, der Weg von den Truppen des Feindes bereits abgeschnitten wird und der deshalb ins Ybbstal ausweichen muß? Der immer noch das Beste daraus zu machen versucht und sich von Mariazell aus mit den verbündeten Russen treffen will?

Das ihn sowie seine Soldaten am 8. November ereilende Schicksal, die fast 1.000 Mann ausmachenden Verluste an Toten und Verwundeten allein von Neuhaus bis Wegscheid, all das kennen wir. Wie aber ging es weiter, wann und wo endete dieser furchtbare Krieg?

Über Seewiesen und Aflenz marschierte man trotz immer noch aufflammender Gefechte am 9. November bis Kapfenberg und, als der Weg nach Bruck a. d. Mur bereits versperrt war, am Morgen des 10. November in Richtung Fischbach, wo erstmals nach zwei Wochen wieder ausreichend gegessen und geschlafen wurde. Tags darauf rückte tatsächlich Hauptmann Graf Loeben mit den Seinen ein, die Eilmärsche, mit denen er den Resten des Korps Merveldt von Gußwerk bis nach Pöllau gefolgt war, hatten sich gelohnt. Dennoch, der Rückzug Kutusows über die Donau bei Krems sowie der Einzug Napoleons in Wien machten jegliche andere Hoffnung zunichte. Was kam, waren endlos durch das Ybbstal zurückflutende etwa 2.400 österreichische Gefangene, am 2. Dezember die Schlacht von Austerlitz und anschließend der Friede von Preßburg, welcher freilich bereits wieder den Keim einer neuen, vier Jahre später (1809) folgenden Auseinandersetzung in sich barg.

Dichtung? Von zweien, anstatt wie tatsächlich – schon wegen des bereits am 11. November wieder erfolgten Anschlusses an die Haupttruppe – von höchstens nur einer möglichen Nacht in der Länd sowie am Mittersee lese ich bei Kraus-Kassegg. Vom verletzten

Am Fuße des Goldspitz (1.468 Meter)

Hauptmann, welcher die Seinen alleinlassen muß, und vom Kohlführer Michl, der ihn verkleidet nach Wildalpen führt ... Vom dortigen Pfarrer sowie der Hilfsbereitschaft, die allen entgegenschlägt, als Amon und die anderen kommen ...

Wahrheit? Als ich einige Wochen später am Gipfel des Zellerhutes stehe, den Dürrenstein, das Hochalpl, den Goldspitz und die übrigen Stationen meiner Reise vor mir sehe, weiß ich auch darum und bin dankbar. Der Dichtung, weil ich ohne sie nie auf dieses Thema gekommen wäre, und der Wahrheit, weil sie mir Zweifel nahm. Nicht ganz. Denn, ob wirklich alles so problemlos verlaufen ist, bleibt offen, ebenso die Frage, ob die Soldaten nicht doch zumindest von der Grubwiesalm eine direktere Strecke ins Tal genommen haben, und wie sie zur Salza gekommen sind.

Mir bescherte meine Entdeckungsreise eine wunderschöne Zeit, die Beschäftigung mit der Vergangenheit, mit der Natur, mit mir selbst. Und sollte anläßlich der zweihundertsten Wiederkehr dieser Ereignisse außer meiner Geschichte nichts anderes an diese Tage erinnern, werde ich es wieder tun: Mich bei schönem Wetter von Lunz aus durch das Seetal und die Länd hinauf zur Herrenalm auf den Weg machen oder zumindest in Gedanken mit den Deutschmeistern über den Dürrenstein gehen.

---

[1]) *Wohl gleich bezeichnet wie jener 1.406 Meter hohe auf der Herrenalm, verbindet dieser Übergang (1.242 Meter) die Täler der Weißen Ois und der Salza.*

Zuletzt sei für vielfältige Hilfe gedankt: Der Rothschild'schen Forstverwaltung in Langau (FM Dipl.-Ing. Johannes Doppler), der Schutzgebietsverwaltung Wildnisgebiet Dürrenstein (Dipl.-Ing. Dr. Christoph Leditznig, Scheibbs) sowie Herrn OFö i.R. Karl Fallmann aus Lackenhof, ohne deren Einverständnis und Hilfe die im Vorigen geschilderte Begehung nicht möglich gewesen wäre.

Motiv aus der ehemaligen Holzknechtsiedlung Rotwald

LITERATUR

AMON, GUSTAV, RITTER v. TREUENFEST: Geschichte des k.k. Infanterie-Regiments Hoch- und Deutschmeister Nr. 4, Wien 1879, S. 385–394 *) – AMT DER NÖ LANDESREGIERUNG, ABT. NATURSCHUTZ (Hg.): LIFE – Projekt Wildnisgebiet Dürrenstein, Forschungsbericht, St. Pölten 2001 – BECKER, M. A.: Der Ötscher und sein Gebiet, Wien 1860, S. 170 – DEUTSCHMEISTER-BUND (Hg.): Die Deutschmeister, Taten und Schicksale des Infanterieregiments Hoch- und Deutschmeister Nr. 4, insbesonders im Weltkriege, Wien 1928, S. 16/17 – FINKE, EDMUND: K.(u.)K. Hoch- und Deutschmeister, 222 Jahre für Kaiser und Reich, Graz – Stuttgart o. J., S. 140–142 – GOSSOW, HARTMUT: LIFE – Projekt Wildnisgebiet Dürrenstein, Managementplan, St. Pölten 2001 – GRABNER, ADOLF: Geschichte der Gemeinde Wildalpen, 2. Aufl., 1986, S. 49–50 – GRABENSBERGER, WILHELM / SEEBACHER-MESARITSCH, ALFRED: Altenmarkt an der Enns, Graz 1984, S. 36 – GUTKAS, KARL: Geschichte des Landes Niederösterreich, 5. Aufl., St. Pölten 1974, S. 371 – JAHRBUCH DER KAIS. KÖN. HERALDISCHEN GESELLSCHAFT „ADLER", Neue Folge – XXVII. und XXVIII. Band, Wien 1917/18, S. 11–14 – KRAUS-KASSEGG, ELISABETH: Johann Franz von Amon und die Franzosenzeit. In „Chronik der Marktgemeinde Lunz am See", 2. Aufl., 1994, S. 10/80–84 – Die Herren von Amon und ihre Frauen (Roman), 2. Aufl., Melk 1964, S. 67–110 – Markt Göstling an der Ybbs, Vergangenheit und Gegenwart. Göstling a. d. Ybbs 1962, S. 36 – LEHRER-ARBEITSGEMEINSCHAFT DES BEZIRKES AMSTETTEN (Hg.): Sagen aus dem Mostviertel, Bd. 1, Amstetten 1951, S. 99 – LUKAN, KARL: Das Voralpenbuch, 3. Aufl., Wien 1995, S. 138 ff. – MAYR, THOMAS: Aus den Chroniken der Stadt Waidhofen a.d.Ybbs 1797–1921, St. Pölten 1925 – MEYER, ERNST: Geschichte des Marktes Ybbsitz, 2. Aufl., Ybbsitz 1928, S. 89–93 – SAPPER, CHRISTIAN: General der Kavallerie Maximilian Graf Merveldt (1764–1815); phil. Diss. Wien 1973 – SONNLEITNER, BERTL: Eisenstraßen Trilogie, 1. Aufl., Lunz 1998 – Rund um das Amonhaus in Lunz am See. In: „Waidhofner Heimatblätter" 1998, 23. Jg., S. 23 – STEINKELLNER, FRANZ: Die Franzosenzeit im Bezirk Amstetten, Amstetten 1968 – STEPAN, EDUARD: Das Ybbstal, Bd. 2., Wien 1951, S. 152–159 – STEPANEK, PAUL: Unterwegs zur „Freien" Stadt, Studien zur Geschichte der Stadt Waidhofen a. d. Ybbs von 1786–1869; phil. Diss. Wien 1987 – TIPPELT, WERNER: Ybbstal und Ötscherland, Wanderführer, Steyr 1995 – WEISSENHOFER, P. ROBERT: Die Waise vom Ybbstal (Erzählung), Neuauflage Krems / Wien 1973

*) Von allen J. F. v. Amon und seine „patriotische Tat" betreffenden Quellen ist diese am ergiebigsten und dürfte, da es sich bei ihrem Verfasser um den Enkel des Lunzer Hammerherrn handelt, auch am authentischesten sein. Bei aller Wertschätzung des vielfach ausgezeichneten hohen Offiziers, der als erster nach M. A. Becker (s.o.) – welcher 19 Jahre früher noch von einem „Sicheren Mann, den Amon besorgt hatte", spricht – seinen Großvater persönlich ins Spiel bringt, ist dennoch Vorsicht geboten. Vielleicht war gerade hier der Wunsch nach familiärer Reputation besonders groß. So oder so, in der Geschichte des österreichischen Traditionsregiments Hoch- und Deutschmeister Nr. 4 hat ihm Gustav Ritter Amon von Treuenfest in jedem Fall ein Denkmal gesetzt.

Wer die erste in Lunz heute noch vorhandene, im Jahre 1843 unter dem Titel „Wappen- und Familiengeschichte von Amon" verfaßte Niederschrift der Ereignisse oder deren Kopie in Auftrag gegeben hat, wissen wir nicht. Es könnte aber der zweite Sohn J. F. v. Amons aus dessen zweiter Ehe, Ignatz Karl Jakob Amon (1787–1868), oder der oben erwähnte Gustav Ritter Amon von Treuenfest (1825–1911) gewesen sein, die beide als Militärs an den Begründern des Geschlechts und den Verdiensten ihrer Ahnen großes Interesse zeigten. So ließ letzterer im Münchner Uradelsarchiv forschen und trug auch noch anderweitig viel Wissenswertes zur Familiengeschichte des österreichischen Zweiges der Amon bei (Archiv W. Staudinger).

Wurzelstock einer mehr als tausendjährigen Eibe

Dieses Werk diente vermutlich auch allen nachfolgenden, die Vorkommnisse des Jahres 1805 schildernden Autoren (M. A. Becker, E. Stepan, E. Kraus-Kassegg) als Vorlage. Nur, daß Johann Franz von Amon selbst die beiden versprengten Kompanien begleitet hätte, scheint nirgends auf. Ebensowenig eine Verletzung des Hauptmann Loeben. Noch, daß ihr Weg tatsächlich nach dem Ort Wildalpen geführt habe. Diesbezüglich heißt es einmal auf Seite 26 „über Wildalpe" und auf Seite 43 „über die Wildalpe". Eingedenk dessen, daß dort höchstwahrscheinlich bereits ab dem 6. / 7. November von Altenmarkt her die Truppen des französischen Generals Marmont anwesend waren, ist hier nicht doch vielleicht eine möglicherweise früher geläufige Bezeichnung einer Höhe oder der ganzen Gegend jenseits des Dürrenstein gemeint?

Interessant ist auch, daß sich unter den in verschiedenen Geschichtswerken mehrmalig genannten „Feldakten des Kriegsjahres 1805 für die Ereignisse im November und Dezember auf dem Nebenkriegsschauplatz in den Voralpen / Armee-Corps FMLt. Merveldt, früher Kienmayer" (KA AFA-II R 88 + 89/1805), kein Hinweis auf Amon finden läßt. (Brief HR Dr. Erich Gabriel, ehem. Heeresgeschichtliches Museum, Wien 30. Juli 2002)

Blick auf Ybbsitz gegen Norden. Im Vordergrund Roman Schyschaks Skulptur „Futura", aufgestellt 2001

DURCH DAS PROLLINGTAL
UND DIE NOTH NACH YBBSITZ

„Der Verkehr durch die Prolling war früher ein ziemlich lebhafter, da dort von Opponitz, St. Georgen am Reith, Göstling und Mendling der Hauptausfuhrweg nach Ybbsitz und Waidhofen an der Ybbs verlief. Die Bauern hatten mit Vorspann eine ganz schöne Einnahmsquelle, zumal die Route absichtlich so geplant schien, daß sie womöglich ebene Stellen vermied und bergauf und bergab führte. An diesem unglaublichen Übelstande leidet die Straße heute noch, obwohl dieselbe vom Nothberg bis zur Kleinen Kripp nahezu gleich verlaufen könnte."

So heißt es in der „Geschichte des Marktes Ybbsitz" – und jetzt, da seither fast neunzig Jahre vergangen sind, ist es kaum besser geworden. Obwohl breiter angelegt, sucht sie förmlich jede Steigung, wechselt wiederholt die Seiten des Tales und verstärkt tatsächlich diesen Eindruck. Entsprang also die uns heute eher kurios erscheinende Streckenführung wirklich solchen Interessen, oder war der Grund dafür ein anderer?

Es ist das Quellgebiet jenes für die Ybbsitzer Kleineisenindustrie einst so wichtigen Prollingbaches, durch das ich von Süden herkomme. Beginnend an der Wasserscheide zwischen Kleiner und Großer Ybbs, breitet es sich vorerst zwischen den Ausläufern des Friesling sowie des Reutberges im Osten und jenen des Schöffwegkogels, des Hochegg sowie weiterer durchwegs bewaldeter Höhen im Westen aus. Links und rechts einmündende Täler sorgen für Nachschub, so daß sich aus dem anfangs nur kleinen Gerinne bald ein munteres Bächlein entwickelt.

Auf den ersten Blick ist es wie damals, als hier die Straße für das Eisen vom Erzberg her verlief sowie im Gegenzug Proviant hinein verfrachtet wurde, als Werkzeuge, Kessel, Pfannen den Ort verließen und seinen Ruf hinaustrugen in die Welt. Es ist wie an einem dieser wunderbaren Tage im Frühling mit den narzissenübersäten Wiesen und dem Wollgras auf den feuchten Böden, dem blauen Himmel und den Erzählungen meiner Mutter, die hier ihre Kindheit verbrachte.

Es war die Vergangenheit dieses Tales, die mich seit jeher faszinierte – die angebliche Burg, ihre Zerstörung durch die Türken, der Schloßkogel und „Erwin von Prollingstein", die Romanfigur P. Robert Weißenhofers. Vieles eine Erfindung. Doch läßt der tatsächlich in einer Urkunde Herzog Friedrichs II. von 1240 erwähnte Streit des Rittergeschlechtes der Braunsberger um hiesige Güter nicht doch auch Raum für derlei Träume?

Dann, das Jahr 1809: Die nachweislich auf der Kripp von Schmieden gestellten, erschlagenen und beim „Schwarzen Herrgott", einem schlichten Holzkreuz jenseits der Höhe,

Der Einöd-Hammer im Jahre 1960

begrabenen Franzosen. Eine diese Gegend erst recht in ein geheimnisvolles Licht rückende Begebenheit: Dazu angetan, Vorbeikommenden gehörigen Schrecken einzujagen.

Heute sind solche Geschichten längst vergessen. Und die Natur? Auch sie ist ärmer geworden. Teils hat sie selbst dazu beigetragen, indem niederschlagsreiche Jahre immer seltener werden, teils war es Menschenhand, welche den Wald verdrängt, Gründe trockengelegt und anderem den Vorzug gegeben hat. Doch da und dort spürt man sie noch, die alte Zeit: in der Birnbaumzeile längs der Straße, dem abbröckelnden Biedermeierbarock an einem der Häuser und den Mühlen.

Die „Burg Prollingstein" kommt mir wieder in den Sinn, als vor mir ein bewaldeter, als deren ehemaliger Standort vermuteter Hügel auftaucht. Erst 1977 vermessen und beschrieben, gibt er tatsächlich Rätsel auf. Von wallartigen Erhöhungen ist die Rede, von einem breiten Graben und, weil wirklich keine Mauerreste mehr zu finden sind, von einem, wenn überhaupt einmal vorhandenen, nur aus Holz bestehenden, und daher nun für immer verschwundenen Gebäude.

Weitaus sichtbarere Spuren hat da schon der 1901 in der unweit davon gelegenen kleinen Schule geborene Josef Gaßner hinterlassen. Er, der hier seine erste Kindheit verbringt, mag vielleicht sogar solche Geschichten mit auf seinen Weg genommen haben, als er nach dem Gymnasium in Seitenstetten zum Studium nach Rom geht. Wieder in der Heimat und als Fr. Hieronymus Gaßner 1925 in St. Pölten zum Priester geweiht, verbringt er die nächsten Jahre in Innsbruck, schreibt gleichzeitig an zwei Dissertationen und promoviert am selben Tag in Theologie und Philosophie. 1928 kommt er wieder nach Rom, hält als Hochschulprofessor Vorlesungen am Studienkolleg der Benediktiner und hegt neben dieser Lehrtätigkeit noch andere Pläne ...

Der Sonntagberg hat es ihm angetan, die Gottesburg der Eisenwurzen. Und obwohl aus einem von ihm dort angeregten Kloster nichts wird, bleibt dieser Ort vorerst seine große Liebe. Er engagiert sich besonders um die Aufbringung von Mitteln für das zum Kauf anstehende Hotel, organisiert, als es sein Bruder Anton Gaßner erwirbt, Tagungen und entwickelt in der Folge weitere Aktivitäten. Von 1931 bis 1938 als Professor am Stiftsgymnasium in Seitenstetten tätig, wird P. Hieronymus Gründer und Leiter des dortigen Volksbundkinos, macht als einer der ersten Konventsmitglieder den Führerschein, verwickelt sich aber immer mehr in die Politik, so daß er – durch die von den Nationalsozialisten erfolgte Schließung des Stiftsgymnasiums noch dazu arbeitslos geworden – im Herbst 1938 nach Amerika auswandert. Ob er dort, wie mancherorts berichtet, tatsächlich in der von Otto von Habsburg gegründeten Exilregierung das Sozialresort übernimmt, bedürfte weiterer Recherchen. Auf jeden Fall sind die beiden näher bekannt, was aus einem Brief des letzteren an P. Hieronymus hervorgeht.

Gesichert ist, daß er in den Staaten wieder Theologie unterrichtet. 1945 erhält er sogar das Bürgerrecht, kehrt jedoch zwei Jahre später nach Rom zurück. Lehrt wieder, steigt dort in der kirchlichen Hierarchie auf und wird am 6. Juni 1960 von Papst Johannes XXIII.

Inneres des Einöd-Hammers

zum Titularabt ernannt. Die Weihe selbst erfolgt in Seitenstetten. Schon früher aber geschieht etwas, womit er sich vielleicht einen Wunsch aus Kindheitstagen erfüllt ...

Er, der seine Ferien häufig in Südtirol verbringt, lernt die schon baufällige Burg von Sand im Taufers kennen und trägt sich mit dem Gedanken, sie zu erwerben. Schließlich wird er zwar nicht Eigentümer, übernimmt jedoch die Treuhänderschaft und beginnt bereits 1953 von Rom aus mit deren Sanierung. So läßt er den Burgfried nach altem Vorbild rekonstruieren, arbeitet eng mit der Denkmalpflege zusammen und begrüßt ab 1964 höchste kirchliche Würdenträger als Gäste. Auch Mitglieder der italienischen Regierung besuchen ihn. 1976 stirbt er, wird in der Burg aufgebahrt und findet schließlich auf dem Ortsfriedhof von Sand seine letzte Ruhe. – Während sein Wappen heute ferne Mauern ziert, kündet nichts dergleichen in der Heimat. Lediglich die kleine Schule steht noch da. Sinnend – bis auch sie hinter einem Hügel verschwindet und nur die Erinnerung bleibt.

Eine Reihe stattlicher Häuser zieht an mir vorbei: Kleinmoos, Großmoos, Am Weyer – ihre Namen deuten auf ehemals wasserreiches, ja sumpfiges Gelände. War es also vielleicht gar nicht möglich, die Straße anders zu bauen? Mußte man aus diesem Grund die Hänge, die Höhen, das Auf und Ab des Weges suchen?

Wie auch immer, die Gegenwart hat mich wieder. Der breite Rücken des Prochenberges, der Maisberg, der Hoferberg kommen näher und am Fuße des letzteren der Einöd Hammer. Tief unten am Bach die beiden Schlote, der kleine Weg zur Brücke, die Tür.

Wieder taucht die Vergangenheit auf – der Jahrtag 1912, als Johann Schrottmüller, seit 1862 ohne Unterbrechung hier tätig, sein Goldenes Meisterjubiläum feiert, schon am Vorabend die Musikkapelle aufmarschiert, man Geschenke überreicht, sogar der Prälat von Seitenstetten in einem Brief seine Glückwünsche entbietet. Am nächsten Tag der feierliche Einzug in die Kirche, die Böllerschüsse von den Höhen, das Festmahl – es ist, als ob man sich ein letztes Mal aufbäumen wollte vor dem endgültigen Niedergang, vor dem Krieg. Jener Katastrophe, der, wie die meisten Betriebe, auch der Einöd Hammer erliegt. 1934 wechselt er noch einmal seinen Besitzer, 1969 wird er stillgelegt. Ob er überhaupt noch einmal damit gerechnet hat aus seinem Dornröschenschlaf erweckt zu werden wie jetzt?

Dort, wo das Rauschen des Wassers immer lauter wird, endet die Prolling. Aus fruchtbarem Boden wird Fels, der Berg, die Straße stürzen sich förmlich hinab, bis tief unten, an der engsten Stelle des Tales, die Noth beginnt. Vorher noch die Kapellen, der Hammer, das alte Schaufelrad, dann ehemalige Handwerkshäuser, es ist als ob die Zeit stehengeblieben wäre, die Welt der Köhler, der Schmiede. Und über der Brücke die Sehnsucht einer Frau, die von hier auszog und doch immer wieder zurückkehrte:

Das letzte bis 1972 in Ybbsitz noch in Betrieb gewesene Wasserrad, aufgestellt von 1986 bis 2002 am Fuße des Nothberges

*„Ich steh daheim am Wasserrad,
da gehts mir durch den Sinn,
wie gern ich bei dem Räderbad
als Kind gestanden bin ..."*

Begeistert denkt sie an ihre Jugend, dann ans alte Vaterhaus:

*„So liegst du da.
Ein Abglanz ferner, schöner Tage.
Umrauscht von deinen hohen alten Bäumen,
auf die der Heimat Berge niederträumen."*

„Sie war eine Dichterin, ein Naturtalent. Die Schwester Resi der Brüder Dominik und Franz Schölnhammer, die in ihren Gedichten voll Stolz von ihren Vorfahren, voll Liebe vom Elternhaus, dem alten Schmiedhaus in der Noth, vom Hammerwerk mit dem großen alten Wasserrad und von ihrem Heimweh nach Ybbsitz spricht", schreibt Dr. Dominik Hummel – selbst einer, der es liebte und in der Fremde starb.

Auch heute kommen die Gedanken – an mit dieser Gegend verbundene Menschen, an die Vergänglichkeit, an den Tod. Aber auch an das, was sie uns sagen wollen, immer noch. Bleiben eine Weile und wenden sich schließlich einem einstöckigen, schloßähnlich errichteten Gebäude zu, dessen Charakteristikum ein aus der Fassade turmähnlich vorspringender Teil ist.

Fast glaubt man, sie noch selbst zu sehen: die in seinem Inneren vornehm eingerichteten und reich mit Bildern geschmückten Zimmer, den geselchten Speck und das Fleisch in der Speis, einen ganzen Zentner davon. Dann die dreißig Pfund Rindschmalz und achtundvierzig Pfund Inslichkerzen. In der Küche den Brader, den kupfernen Überhangkessel, das eiserne sowie irdene Geschirr. Die dreizehn Eimer Wein im Keller, das Faß Bier und das auf achthundertachtzig Gulden geschätzte Warenlager im Gewölb.

Einen Stock höher gibt es ein Stübchen, ein Bedienten- und ein Schlafzimmer. Auf dem Hausboden noch achtzig Pfund Hirschhorn, fünfzehn Metzen Hafer, sieben Maß Honig, Wermut-Essenz sowie im Stall drei Kühe, zwei Kälber und drei Pferde. Zuletzt im Kontor ein Verzeichnis der Schuldner, das nicht nur auf Abnehmer in Wien, St. Pölten, Krems sowie halb Nieder- und Innerösterreich verweist, sondern auch auf Handelsbeziehungen nach Böhmen, Mähren, Schlesien, Ungarn, Kroatien und Slawonien.

Die Rede ist von der wohlhabenden, bis zum Jahre 1977, also weit mehr als drei Jahrhunderte, hier ansässigen Familie Wagner. Vor allem aber davon, daß es in Ybbsitz früher neben den Schmieden, Schleifern und Finalproduzenten auch Eisenhändler gab, deren Zahl bereits 1650 auf zwölf beschränkt wurde, um nicht das Gleichgewicht zwischen

Außenansicht des Hauses Kremayr, von der Vorhalle der Ybbsitzer Pfarrkirche aus fotografiert

ihnen und dem Handwerk vollends zu stören – so lange, bis Kaiser Joseph II. ihre Rechte weitgehend aufhob und sie sich anderen Verdienstmöglichkeiten zuwenden mußten.

Die durch die Noth sowie das Prollingtal führende Straße war demnach nicht nur der Halbware und dem Proviant vorbehalten. Das in Mariazell, Graz, Leibnitz und darüber hinaus zu Jahrmarktszeiten ausgestellte „Gschmaid" wird ebenso diesen Weg genommen haben: Von hier – oder dem noch prächtigeren Gebäude draußen am Platz, vor dem ich wenig später stehe und dessen Name sich in den vergangenen Jahrhunderten mehrfach geändert hat. Es ist geschichtlich Interessierten auch als Sitz des Ybbsitzer Marktrichters, Hofrichters sowie „Seiner Hochwürden und Gnaden, des Prälaten von Seitenstetten, Herrenhaus" bekannt und trägt heute den Namen seines letzten Besitzers.

Für mich bleibt dieses auch mit persönlichen Erinnerungen verbunden, etwa an meine Jugendzeit oder den Tag, als ich Ende des Jahres 1979 dem kunstsinnigen, jedoch ebenso resoluten Rudolf Kremayr zum ersten Mal gegenübersitze und um einige Auskünfte bitte.

Der große im Obergeschoß des Hauses befindliche Raum ist an einer Wand bis oben hin mit Büchern gefüllt, an den anderen Wänden sind Bilder, eine alte Truhe und Kästen. Ein massiver viereckiger Tisch sowie Stühle bilden den Rest der kostbaren Einrichtung; von der Decke, aber auch hier im kleinen Rund des Erkers, hängen Leuchter, durch die beiden anderen Fenster fallen Sonnenstrahlen auf den Boden, es geht auf Mittag zu.

Er, den ich seit den sechziger Jahren kenne, nimmt sich Zeit, sieht Teile des Manuskripts meiner für das kommende Ybbsitzer Festjahr geplanten Ortschronik durch und legt einige Blätter beiseite. Die Sache mit dem Kriegerdenkmal, meint er schließlich, sei die einzige, die ihn besonders betreffe und deren authentische Schilderung ihm am Herzen liege. Wenn schon sein Wunsch, den alten Marktbrunnen wieder an seiner ursprünglichen Stelle zu sehen, nicht in Erfüllung ging, solle man zumindest um die geführte Diskussion wissen, vielleicht würden sich dann spätere Generationen einmal daran erinnern. Bei diesen Worten dreht er sich ein wenig gegen das Fenster, öffnet es jedoch nur einen Spalt und schließt es gleich darauf wieder. Der Wind, sagt er, hätte ihm in mehrfacher Hinsicht damals ins Gesicht geblasen, jetzt wolle er sich nicht auch noch wirklich verkühlen.

Es ist vieles, was mich an ihn denken läßt. Rudolf Kremayr ist Ehrenbürger geworden und hat das Haus unter der Bedingung, hier Platz für die Präsentation seiner privaten Sammlungen zu schaffen, der Gemeinde geschenkt. Heute, da ich, mehr als zwanzig Jahre später, wieder die Stiege heraufkomme, wird aber auch noch anderes lebendig, das ich nie vergessen habe.

Als ich den nur für besondere Anlässe genützten Festsaal betrete, fällt mein Blick nach oben. Wie damals. Der Hausherr hatte mir eines Tages diesen Raum gezeigt und dabei besonders auf die dort befindliche, in den Formen der Renaissancezeit ausgeführte kostbare Holzdecke verwiesen. Mehrere Jahrhunderte, ja vielleicht sogar die Türken hätte sie überlebt, meinte er. Dann seien die Russen alles andere als sorgsam damit umgegangen.

Renaissance-Runderker mit Gitter (2. Hälfte 16. Jh.) Auf der Fußplatte bürgerliche Hausmarke. Wahrscheinlich erfolgte dessen Bau unter Valentin Senner (Marktrichter 1557, 1560, 1566 u. 1568), auf den die Initialen „V. S." hindeuten. Diese sowie das doppelte Giebelkreuz befinden sich ebenso auf einer Urkunde im Marktarchiv, mit der er im Jahre 1557 als Zeuge auftritt

Mit ihren Bajonetten hätten sie sämtliche an den umlaufenden Teilen angebrachten geschnitzten Masken, Köpfe und Büsten herausgebrochen. Und da die Wirren der Zeit diese außer Haus verfrachteten, wäre ihm nichts anderes übriggeblieben, als sie Jahre später bis auf zwei Stücke zurückzukaufen. Letztere habe er durch Kopien ersetzen sowie alles zusammen einer Restaurierung unterziehen lassen. – Sagte es, wie wenn es sich um die Reparatur eines Stuhles gehandelt hätte. Und abschließend, daß er eben zu Dingen aus Holz zeitlebens eine große Beziehung gehabt habe – wenn diese noch dazu so alt waren, ganz besonders.

Jedoch nicht nur Rudolf Kremayr wußte zu erzählen. Ihn hat auch die eine oder andere meiner Geschichten interessiert, in denen ich ihm über meine Arbeiten oder, wie einige Wochen später, von einem sehr bekannt gewordenen früheren Bewohner dieses Hauses berichtete.

Ohne hier etwas weiter auszuholen und die in früheren Zeiten in Ybbsitz bedeutenden Familien der Weißenhofer ausführlicher zu behandeln, ging das nicht. Also trafen wir uns eines Tages wieder im Erker. – Während er noch anderes zu erledigen hat, betrachte ich das durch die alten Glasscheiben zwar etwas verschwommen wirkende, in seinen Details aber doch erkennbare Fenstergitter. Typische, eher gegen das auslaufende 16. Jh. hin deutende Formen der Renaissance: Florales, Figurales, Geschwungenes, trotzdem kein näherer Hinweis auf seine Entstehung. Dennoch, ich kenne an einem nicht weit von hier entfernten Haus – es ist das vorhin erwähnte, ehemals der Eisenhändlerdynastie Wagner, heute der Familie Welser gehörende – ein vermutlich aus derselben Hand stammendes und dort mit „Anno Domini 1582" bezeichnetes Werk. Wahrscheinlich der gleiche Künstler, die gleiche Zeit.

Weiter komme ich nicht. Also was ist mit den Weißenhofern! Der Endsiebziger, solchen Dingen gegenüber nach wie vor aufgeschlossene Mann sitzt neben mir, stößt mit seinem Glas gegen das meine und wartet.

Weil ich noch in meinen Unterlagen blättere, beginnt er zu reden. Daß Mitglieder der vielleicht einst aus dem Rheinland eingewanderten Familie – um wegen ihrer zahlreichen Verwandtschaft Verwechslungen zu entgehen – mit Beinamen versehen wurden, sei ihm bekannt. Und daß die in Ybbsitz für dieses Objekt noch immer gebräuchliche Bezeichnung „Kanzlerhaus" damit zusammenhänge, auch. Jedenfalls sei ein Ignaz Weißenhofer, der aus besagten Gründen die Beifügung „Der Kanzler" trug, hier Besitzer gewesen, und hätte diesen Namen von seiner früheren Bleibe, die wiederum einem Josef Kanzler gehörte, mitgebracht. Das wäre aber auch alles, was er wisse, das Weitere überließe er jetzt gerne mir.

Die nächste Stunde gehört dann jenem uns bereits bekannten Literaten aus dieser Familie, der in Ybbsitz am 15. September 1843 zur Welt kam und dessen Eltern von 1851 bis 1892 in diesem Hause wohnten. Der in Seitenstetten erzogene, als Novize in das Stift eingetretene

*Im Obergeschoß des Hauses
befindlicher Raum und Innenseite des Erkers*

und 1868 zum Priester geweihte Benediktiner schreibt außer der uns schon bekannten Erzählung „Erwin von Prollingstein" noch viele andere, verfaßt Theaterstücke und wird zum bis heute meistgelesenen Schriftsteller des Bezirkes. Seine Werke werden in mehrere Sprachen übersetzt und finden sich in privaten Sammlungen, in Archiven, in der Österreichischen Nationalbibliothek sowie in der Universitätsbibliothek in Wien. Erstmals in höchsten Kreisen bekannt wird Weißenhofer durch seine Mitarbeit am sogenannten „Kronprinzenwerk", zu dessen zweitem Band er ab 1885 fünf Beiträge liefert. Als ihn aus dem Tiroler Bergdorf Thiersee die Bitte erreicht, für das dortige Passionsspiel einen neuen, zeitgemäßen Text zu schreiben, sagt er ebenfalls zu. Dabei bleibt er bis zu seinem Tod im Jahre 1900 der allzeit pflichtbewußte und von seinen Schülern geliebte Lehrer.

Daß auch eine große Dichterin, nämlich die aus dem Ennstal stammende Paula Grogger, sich – als sie in ihrem Buch „Der Paradeisgarten" ihre eigene Kindheitsgeschichte erzählt – gerne an ihn erinnert, soll ebenfalls nicht unerwähnt bleiben. Sie, die darin ihre erste Begegnung mit Büchern schildert, schreibt: *„Zu heftiger Gemütsbewegung, ja zu Tränen erschüttert wurde ich von historischen Schicksalen. Ein also wirkungsvolles Büchlein hieß Das Glöcklein von Schwallenbach. Die Waise vom Ybbstal hat ungefähr auf mich gewirkt wie später Wallenstein und Don Carlos. Ich strebte hartnäckig und zudringlich, alle Hausleute dafür zu begeistern. Meiner Mutter trug ich das Büchlein auf Schritt und Tritt nach. Als sie mir abends wirklich den Willen tat, darin zu blättern, beobachtete ich durch das verblichene Netz meines Gitterbettes ihre Miene. Leider Gottes wartete ich umsonst auf den Augenblick, daß sie vor Rührung weine. Sie löschte schon nach dem ersten Kapitel das Licht. Nur Onkel Fritz, dem ich das letztere gleichfalls aufhalste, gab es mir nach kurzer Frist zurück und sagte: Wunderbar!"*

Im Raum ist es spät geworden. Weil ich auch um die Beziehung Kremayrs zur Prolling weiß, versuche ich abschließend seine Aufmerksamkeit dorthin zu lenken. Auch mit diesem Tal hat sich Weißenhofer in einer Erzählung befaßt, bemerke ich, nur, um noch etwas zu sagen.

Er nickt und schaut durch das Fenster auf den schon im Dunkel liegenden Platz. Dann geleitet er mich zur Tür, steigt wenig später unten im Hof in sein Auto und fährt davon ...

Hinter mir hörbare Schritte führen mich in die Gegenwart zurück. – Bald nach der Übergabe des Hauses an die Gemeinde hatte diese im Erdgeschoß einen Kindergarten eingerichtet, auch die Bücherei war hierher übersiedelt, und die Räume im Obergeschoß wurden zum Museum. Hier im Festsaal gibt es außer der wertvollen Decke aber noch andere Kostbarkeiten zu bestaunen. Effektvoll ausgeleuchtet, präsentieren sich in einer in die Wand eingelassenen Vitrine das Wappen der Zeugschmiede sowie zwei früher bei festlichen Anlässen verwendete Ehrenbecher: ein größerer vergoldeter aus dem Jahre 1747, einst von den Schmiedemeistern verwendeter, sowie ein silberner der Gesellen von 1820, beide im Besitz der „Frauenzeche Ybbsitz". Etwas Besonderes – als kleinster, exklusivster Zirkel

Renaissance-Kassettendecke, 16. Jh. In typischer Ornamentik ein prachtvolles Beispiel der sogenannten Adels- und Bürgerkunst dieser Zeit. In der Architektur waren deren Einflüsse hier relativ spät zu verspüren. Sie setzte etwa um 1550 ein (Türkeneinfall 1532) und dauerte dafür etwas länger als anderswo – etwa bis 1650. —————— In der rechten unteren Bildecke Frauenkopf (siehe Bild auf Seite 104) ——————

weit und breit – existiert dieser Verein nämlich heute noch, besteht nach wie vor aus Meistern bzw., wie vor Jahrhunderten, auch aus deren Witwen.

Solcherart mit einem weiteren Schatz des Hauses konfrontiert, trifft man in den nächsten Räumen auf Schmiedeeisernes, auf Türschlösser, Werkzeuge, Beschläge und wertvolle Plastiken. Einer mutigen Frau, nämlich der einst als Weltreisenden bekannten Ida Pfeiffer, deren Sohn nahe der heutigen Wallfahrtskirche Maria Seesal ein Hammerwerk besaß, begegnet man ebenso wie einem Abguß dessen, was irgendwann am Nordhang des Prochenberges vom Himmel fiel und 1977 als sechster und zweitschwerster auf dem Gebiet des heutigen Österreich je gefundener „Meteorit von Ybbsitz" für beträchtliches Aufsehen sorgte. Ein hier entstandener, mit dem Jahreskreis entsprechend austauschbaren Einsätzen versehener Hausaltar, Truhen, Kästen und bäuerlicher Hausrat bilden zusätzlich sehenswertes Volkskundliches.

Wieder die Stiege hinunter, gelange ich in das Erdgeschoß. Gewölbe beiderseits, dann jedoch, noch vor der hinaus auf den Marktplatz führenden Tür, jener Raum, dessen alte Holzdecke beindruckt. An den Wänden und in der Mitte eine Dokumentation über die Ybbsitzer Schmiedemeile, Ausstellungsstücke, ein Stuhl lädt zum Verweilen ein.

Ein letztes Mal werden Erinnerungen wach an meine nun schon fast lebenslange Beziehung zu diesem Haus. Beginnend vor bald einem halben Jahrhundert, als meine Eltern hier wohnten und wir einen winzigen Teil des riesigen Dachbodens als Abstellraum zur Verfügung hatten. Wo es ringsherum kleine Fenster gab mit Blick hinüber zur Kirche, zum Pfarrhof, über den Markt. Dann, an die straßenseitigen Läden, den Schuster, den Holzschuhmacher im Hof. An das Jahr 1990, als es der Gründungsversammlung des Vereines „Niederösterreichische Eisenstraße" den entsprechenden Rahmen gab, und noch manches mehr. – Vor allem jedoch an die Begegnungen mit Rudolf Kremayr, als wir oben im Erker saßen, er mir sein Haus zeigte, und wir über seine Geschichte redeten.

Jetzt, da ich aufstehe, verblassen diese Bilder. Bis zum nächsten Mal, wenn ich durch die Prolling fahre, durch die Noth. Wenn ich wiederkomme und das Ganze von vorne beginnt …

Kassettendecke, Detailaufnahme

Anmerkung: Gschmaid = Ausdruck für geschmiedete Ware jeder Art

Rudolf Kremayr: Geboren am 25. Dezember 1905 in Ottsdorf bei Wels als Sohn einer Bauernfamilie. 1950 Gründer der Buchgemeinschaft Donauland in Wien und seit dem Jahre 1954 zeitweise in Ybbsitz wohnhaft. 1987 Ehrenbürger der Marktgemeinde Ybbsitz. Gestorben am 17. Dezember 1989 in Perchtoldsdorf bei Wien.

Wappen der Zeugschmiede aus dem Jahre 1799

LITERATUR

HUMMEL, DOMINIK: Ybbsitz vor 60 Jahren, Maschinschrift, Ybbsitz 1971 – MEYER, ERNST: Geschichte des Marktes Ybbsitz, Ybbsitz 1928 – PEMMER, HANS: Aus der Urkundensammlung einer alten Ybbsitzer Eisenhändlerfamilie, Sonderdruck aus „Unsere Heimat", 26. Jg., Nr.10–12, Wien 1955 – SCHÖLNHAMMER, RESI: Aus der Eisenwurzen, Gedichte, S. 11/12, Ybbsitz 1948 – SONNLEITNER, BERTL: Skizzen aus der Vergangenheit, Eine Kurzchronik des Marktes Ybbsitz ab dem Jahre 1928, Ybbsitz 1980; Das Leben und Werk des aus Ybbsitz gebürtigen Jugendschriftstellers P. Robert Weißenhofer (1843–1900). In: Waidhofner Heimatblätter 1985, 11. Jg., S. 58 bzw. Sonderdruck, herausgegeben von der Marktgemeinde Ybbsitz 1985; Ein geschichtsträchtiges Haus – Heimstätte des neuen Ybbsitzer Museums. Heimatkundliche Beilage zum Amtsblatt der Bezirkshauptmannschaft Amstetten, 19. Jg., Amstetten 1990 – STADLER, GERHARD: Auf rotweißroten Spuren im Tauferer- und Ahrntal. In: Wiener Zeitung v. 9. April 2002 – WAGNER, P. BENEDIKT: Abt DDr. Hieronymus Gaßner, Mönch, Professor, Burgvater; Maschinschrift, o. J.

*Die Rialtobrücke, die erste und bis ins 19. Jahrhundert einzige feste
Verbindung zwischen den beiden Ufern des Canal Grande.
Dahinter, nur teilweise sichtbar, der Fondaco dei Tedeschi. Rechts der
Campanile von San Bartolomeo, ehemals Grabeskirche vieler
deutscher Handelsleute in Venedig*

DIE VENEDIGERSTRASSE – EIN ALTER VERKEHRSWEG ÜBER DEN PYHRN

Daß ich gar noch bis Venedig kommen sollte, hätte ich freilich am Anfang meiner Reise durch die Eisenwurzen nicht gedacht. Die Wege bisher waren alle kürzer, gingen zwar über Berg und Tal, führten entlang von Flüssen, Bächen sowie im Falle der Eisenstraßen auch ein wenig in die Zukunft, blieben insgesamt jedoch im Lande und reichten nicht einmal in meinen kühnsten Träumen bis ans Meer.

Nun, da es mich zuletzt an die Via norica der Römer, die wichtige, noch im Hochmittelalter als Via regia bzw. Via publica bezeichnete Nord-Süd-Verbindung über den Pyhrn verschlagen hatte, öffnete sich plötzlich auch für mich die Welt. Freilich nur jene damals bekannte, zu der und von der jedoch fast alles über Venedig lief, dessen Aufstieg zur späteren Drehscheibe im Handel zwischen West- und Mitteleuropa, byzantinischem Reich sowie den islamischen Völkern schon im 8. Jahrhundert begann, das bis zur Jahrtausendwende seine Machtposition auf Norditaliens Flüssen, aber auch an der Adria ausbaute, und dessen große Zeit etwa zwischen 1150 und 1500 lag.

Als der sich als Nachfolger der weströmischen Kaiser sehende Skirenfürst Odoaker im Jahre 488 n. Chr. Noricum nördlich der Alpen räumen läßt und romanische sowie Teile der romanisierten Bevölkerung der ehemaligen römischen Provinz in den Süden zurückführt, nimmt er ebenfalls diesen Weg, auf dem er vermutlich auch die sterblichen Überreste des Missionars Severin mitnimmt und in Italien begräbt.

Vielleicht gerät der Pyhrn anschließend ein wenig in Vergessenheit. Doch als Städte wie Amalfi, Pisa oder Genua sich unter den Schutz besonderer Heiliger stellen, hat das politische und wirtschaftliche Gründe. So erwirbt auch Venedig im Jahre 828 n. Chr. in Ägypten die Gebeine des Evangelisten Markus. Seine Rechnung geht ebenfalls auf, und, wie viele übrige Straßen, erfährt auch die obige, von Ovilava (Wels), Noreia (Neumarkt/Stmk.), Virunum (Zollfeld/Ktn.) und Gemona über Aquileia führende, als Pilgerweg eine neue Belebung.

Nachdem die den Hauptkamm der Alpen umgehende, über den Semmering nach Carnuntum führende östlichste Route infolge unsicherer Verhältnisse wieder an Bedeutung verloren hat, wird im 9. und 10. Jahrhundert der Pyhrn vor allem als Handelsweg immer wichtiger, was aus zahlreichen, zum Beispiel auf jüdische Ansiedler aus der besagten Zeit verweisende Ortsnamen entlang dieser Strecke hervorgeht. Diese dominieren bereits den aus dem slawischen, noch nicht christianisierten Raum über die Alpen nach Venedig und von dort in den arabisch-nordafrikanisch-spanischen Bereich florierenden Sklavenhandel. Ob Männer oder Frauen, jährlich gehen mehrere tausend dieser Unglücklichen an europäische,

*Markuslöwe über dem Portal des Fondaco dei Tedeschi,
dem zwischen 1506 und 1508 nach einem Brand
von der Stadt Venedig neu errichteten und den „deutschen" Kaufleuten
——— (Deutsche, Österreicher, Ungarn usw.) zur Verfügung gestellten Gebäude ———*

vor allem aber an orientalische Abnehmer und sind ein lukratives, über den Pyhrn gehandeltes Produkt.

Nachdem schon um 780 n. Chr. Venezianer an den Straßen Richtung Norden vergoldete Pfauenfedern, Seide und purpurne Stoffe aus Tyros angeboten hatten, führt der steigende Bedarf nach orientalischen Luxuswaren zu einer Ausweitung ihrer Wirtschaftspolitik. Sie gehen aufs Meer, steigen in den Fernhandel ein und erobern nach und nach den europäischen Markt. Infolge der nahe gelegenen Alpen liefern sie Nadelhölzer an arabische Fürsten, diese wiederum bezahlen mit Gold. Aus Ägypten beziehen sie Rohbaumwolle, Rohleinen, Zucker, Alaun, Natron, Glaswaren, Textilien und Smaragde. Aus dem Mittleren und Fernen Osten Pfeffer, Ingwer, Gewürznelken, Muskat, Aloe, Weihrauch, Elfenbein sowie Edelsteine und, als Gegengeschäft aus Mitteleuropa, das seit der Antike berühmte „Norische Eisen", Wein, Pferde, Rinder, Häute, Pelze, Honig, Wachs und Gewebtes aus Flachs oder Wolle. Vielleicht auch schon Bodenschätze, Edel- und Buntmetalle, deren Abbau (Silber) in Kärnten allerdings erst im späten 11. Jahrhundert erfolgt.

Der Ausbau der Städte – ab der Mitte des 12. Jahrhunderts wird eine deutliche Zunahme des Warenverkehrs verzeichnet – bringt neuen Bedarf, und seit Beginn des 13. Jahrhunderts treiben nachweislich Kaufleute aus Linz, Enns, Wels und Steyr, aus Wien, Wr. Neustadt, Ybbs, Judenburg sowie Friesach und Villach in Venedig Handel. Das römische Straßennetz bleibt weiterhin die Basis des mittelalterlichen Landverkehrs, also benützt man auch erhaltene Brücken. Ebenso verwendet man, solange aufgrund der schlechten Umstände ein Wagen nur etwa das Doppelte an Last bewältigen kann, das Pferd als Tragtier: Der Säumer geht zu Fuß, diese Art des Transports spielt noch immer eine große Rolle.

Während sich wegen des fehlenden Nachschubs aus dem Norden die Sklavenrouten im ausgehenden 10. und frühen 11. Jahrhundert zunehmend auf westlichere Alpenübergänge verlagern, hält der Pilgerverkehr unvermindert an – ja, er nimmt im letzten Drittel des 12. Jahrhunderts noch zu. Mit der Verehrung prominenter Schutzherrn, wie des hl. Andreas, des hl. Laurentius oder des hl. Georg, stellen sich außer Venedig auch andere oberitalienische Städte bewußt neben Rom, Konstantinopel oder Jerusalem und betonen durch die Präferenz lateinischer Patrone ihre Unabhängigkeit vom griechischen Byzanz. Schaffte es jemand daher nicht wirklich bis ins Heilige Land, konnte er seiner vermeintlichen Christenpflicht auch hier genügen. So halten seit dem frühen Mittelalter auch Pilger das Rad in Schwung, veranlassen den Bau von Unterkünften und Gaststätten, bis diese Bewegung an der Schwelle zur Neuzeit insgesamt abnimmt und anderen Interessen Platz macht.

Monumentale, mit vierundzwanzigstündigem Zifferblatt versehene Uhr im Arkadenhof des ehemaligen Deutschen Handelshauses (heute Hauptpostamt)

Bald nach der Gründung einer Kirche in Windischgarsten zieht 1170 der deutsche Kaiser Friedrich I. Barbarossa über den Pyhrn. Auch Bischof Otto II. von Andechs nimmt von Bamberg aus auf seinen Italienreisen wiederholt diesen Weg, so daß man vermutlich bald von höchster Stelle die Wichtigkeit einer Herberge am Fuß des Berges erkennt. Besonders stark ist der Übergang während des dritten Kreuzzuges frequentiert, und im Jahre 1190 wird ein wahrscheinlich bereits bestehendes früheres Hospiz an die Stelle des heutigen Ortes Spital am Pyhrn verlegt. Damit rückt man direkt an den Paß heran und ist in der Lage, auch im Winter an einem Tag von hier ins Ennstal zu gelangen oder umgekehrt.

Während im ausgehenden 12. und beginnenden 13. Jahrhundert der Warenverkehr auf dieser Strecke noch vorwiegend in deutscher Hand liegt – hier spielen Regensburger Kaufleute in Enns eine große Rolle – wird deren Einfluß später allmählich zurückgedrängt. Die Vereinigung des Herzogtums Steiermark mit jenem von Österreich (1192), die Zeit der ersten großen Phase am steirischen Erzberg und die Ausstattung vieler, vor allem landesfürstlicher Städte mit Markt-, Handels-, Niederlags- und Stapelrechten sowie anderen Privilegien lassen etwa für Steyr den Handel im speziellen mit Eisen und venezianischen Gütern immer mehr zum bestimmenden Faktor werden. Dieser wird schon sehr früh durch Mautbefreiungen in Klaus oder in Rottenmann begünstigt, so daß es für Konkurrenten wie das freisingische Waidhofen an der Ybbs, dessen ebensolche Ambitionen viel weniger gern gesehen werden, weit schwerer ist, zu bestehen.

Venedig! Da den Steyrern schon vor der Verleihung des Stadtrechtes (1287) Begünstigungen auf allen nach Süden führenden Straßen eingeräumt worden waren, ist anzunehmen, daß sie diese auch nutzten und schon früh den Weg in die Lagunenstadt fanden. Wann genau, ist nicht überliefert. Als aber die um den Wert einer funktionierenden Infrastruktur für Ausländer wissenden Venezianer um das Jahr 1230 den österreichischen und deutschen Kaufleuten, den Tedeschi, am Canal Grande in der Nähe zum Rialto den Fondaco, ein großzügiges Handelshaus, einrichten, blüht bereits das Geschäft. Letzteren bleibt zwar, wie allen anderen nicht hier Ansässigen, der Zugang zur Adria verwehrt, dennoch: Venedig bedeutet das Tor zur Welt, und man hat Wertvolles anzubieten – Steirisches Silber, Tauerngold, Eisen aus Kärnten, Stahl sowie bereits in und um Steyr gefertigte Messer und Werkzeuge.

Von Salzburg, Regensburg, Wien, Ulm, Augsburg, Nürnberg, Frankfurt und Straßburg kommen sie, wohnen im Fondaco, in dessen Gewölben und Kammern. Bekleiden selbst Ämter, sorgen sich neben Vertretern der Stadt um die Hausordnung, kontrollieren am Abend das Schließen der Tore und das Waffenverbot. Sie müssen hier absteigen, und manche tun es, vor allem in späterer Zeit, für Jahre. Selbst Schulen gibt es, ein Aufenthalt in Venedig bedeutet vor allem für Familienmitglieder der Kaufleute nicht nur die Pflege angestammter Geschäftsverbindungen vor Ort, sondern auch das Eintauchen in eine fremde Kultur. Erst

Blick vom Wurzerkampl (1.706 Meter) gegen die Hallermauern und das Gesäuse.
——— Links der Große Pyhrgas (2.244 Meter) und rechts der Bosruck (1.992 Meter) ———

ab dem 16. Jahrhundert wird man seitens der Regierung offener, von da an ist ein Aufenthalt auch in Gasthäusern oder bei Privaten möglich.

Im 13. und vor allem im frühen 14. Jahrhundert wird durch das Aufblühen Böhmens sowie besserer Straßenverbindungen von Prag über Oberösterreich in den Süden die Strecke über den Pyhrn zu einem ernsten Problem für Wien. Der Handel mit Italienwaren wird daher auf die fünf landesfürstlichen Städte Enns, Freistadt, Gmunden, Linz, Vöcklabruck und Wels eingeschränkt und geht ab der Mitte des 14. Jahrhunderts zurück. Dennoch, der Bedarf an Edelmetallen als unentbehrliches Tauschobjekt gegen Waren aus dem Nahen und Fernen Osten, an Produkten des Eisengewerbes, an Klingen, Quecksilber, grober Leinwand, Garn, Zwillich, Plarchen, Unschlitt, Fellen und Leder von seiten Venedigs – Samt, wertvollen Tüchern, Baumwolle, Öl, Seife, Glas, Pfeffer, Süßwein, Feigen, Mandeln, Rosinen, Maroni, Kapern, Oliven, Zitronen, Orangen und Seefischen als begehrtes Gut hierzulande, lassen den Verkehr trotz mehrfacher Verbote Ende des 14. und zu Beginn des 15. Jahrhunderts nicht erlahmen.

Gerade Gold und Silber erhalten nämlich im Spätmittelalter eine enorme Bedeutung, deren Abfluß in den Orient unvermindert anhält. Auch können bestimmte Güter nur im Tauschweg gegen diese bezahlt werden. Doch nachdem sich die Fundstätten eher nach Salzburg und Tirol verlagern und die Alpenländer in der zweiten Hälfte des 16. Jahrhunderts wegen überseeischer Konkurrenz bzw. Erschöpfung der Vorkommen ihre Vormachtstellung überhaupt verlieren, wendet sich das Blatt. Das etwa noch im 15. Jahrhundert für die venezianische Glaserzeugung unbedingt notwendige Arsen oder das für die Beschichtung von Spiegeln, die Erzeugung von Farben und das in der Arzneikunde verwendete Quecksilber, aber auch das Blei und das Kupfer, kommen auf ganz anderen Wegen. Die Versuche österreichischer Städte, den Verkehr im Bereich des Triebener Tauern noch einmal zu fördern, schlagen fehl – aus der alten Handelsstraße ans Meer wird ab etwa 1500 infolge regional bedingten Strukturwandels zunehmend auch eine vom sowie zum steirischen Erzberg führende Eisen- und Proviantstraße.

Nun beginnen vor allem deutsche Kaufleute den Fernhandel in Österreich zu kontrollieren. So müssen zum Beispiel die Judenburger ihre Kammern im Fondaco zugunsten der Fugger aufgeben, auch in Steyr ist deren Einfluß nicht zu übersehen. Dennoch macht sich hier vom Beginn des 16. bis zum Ende des 17. Jahrhunderts eine regelrechte Italienmode breit, und da Venedig trotz des Seeweges nach Ostindien sowie Amerika auch noch weiter seine Vermittlerrolle aufrecht hält, gibt es an der Enns gegen Ende der Gegenreformation achtundzwanzig und später immer noch halb so viele Händler.
  Da die Reisen oft gefahrvoll sind, schließen sich diese zu Gilden zusammen, das Risiko verteilt sich auf mehrere, und der Gewinn ist immer noch groß. Besonders der Gewürzhandel ist beliebt, die Ware ist leicht, unverderblich und dennoch kein Massenartikel,

*Tordierter Säulenstumpf im Österreichischen Felsbildermuseum
in Spital am Pyhrn (Detail). In der Mitte der Doppeladler mit nimbierten Köpfen
und gespaltenem Herzschild. Die rechte Hälfte ist als Bindenschild für Österreich,
die linke mit den Schrägbalken als für Burgund stehend zu deuten. Darunter befinden
sich die Wappen des Landes Oberösterreich und des Stiftes Spital am Pyhrn
——— (entstanden vermutlich beim Neubau des Stiftes in den Jahren 1505 und 1506) ———*

das heißt Teuerungen werden kaum wahrgenommen und fast immer akzeptiert. Aber auch aus damaliger Sicht ausgesprochene Luxusgüter wie Bücher, Spiegel und Luster gehen zu Hause über den Ladentisch, der Kaufmann selbst wie sein Kunde ist wählerisch geworden. Er tritt als Bauherr auf, läßt spätgotische Architektur errichten, Innenhöfe ausstatten, läßt in der Renaissance Fassaden und Portale der neuen aus Italien stammenden Kunstrichtung anpassen, verwendet Sgraffitoschmuck – wer etwas auf sich hält, handelt in Steyr mit Venedig.

Dafür gehen an erster Stelle Messer, Klingen, dann Sensen, Strohmesser sowie Nägel über den Pyhrn, einiges davon auch mittels nun schon möglicher Schiffszüge auf der Enns bis Altenmarkt und von dort über die Buchau in den Süden.

In der ersten Hälfte des 17. Jahrhunderts werden diese Beziehungen infolge politischer und religiöser Ereignisse stark behindert. Der Dreißigjährige Krieg, die Abwanderung kapitalkräftiger protestantischer Kaufleute, der einsetzende allgemeine Niedergang Venedigs als Handelszentrum, der Ausbruch der Pest: Es sind bewegte Zeiten, in denen sich auch andere Vorteile zu schaffen versuchen, indem sie die Privilegien landesfürstlicher Städte umgehen und plötzlich ebenso deren Märkte beliefern. Etwa wieder Waidhofen[1] oder sogar ganz kleine Orte wie Sierning und St. Peter in der Au. Sogenannte „Überreiter"[2] kontrollieren daraufhin die Straßen. Dennoch, zum Beispiel gegen die Steinbacher Messerer, die sich um 1640 organisieren, protestiert sogar Steyr vergeblich.

Der Venedigerhandel, bis dahin in den Händen der Nobilität, geht nunmehr auf Bürgerliche über, und die Transporte, früher von den Unternehmern selbst geleitet, werden von „Faßziehern"[3] übernommen. Sie fahren meist nur mehr bis Villach, tauschen bei Gegenhändlern und fahren über den Pyhrn zurück. Als jedoch durch den Ausbau anderer Städte (Triest, Rijeka) der Stern der Serenissima endgültig sinkt, endet der Venedigerhandel in der zweiten Hälfte des 18. Jahrhunderts, wobei die Auflassung des Fondaco im Jahre 1806 durch Napoleon den eigentlichen Schlußpunkt unter dieses Kapitel abendländischer Wirtschaftsgeschichte setzt.

Und die Straße über den Pyhrn? Wie schon erwähnt, übernimmt sie ähnlich jenen, die über den Semmering, den Radstätter Tauern, den Brenner, den Reschen und weiteren Alpenübergängen an die Adria führen, bald auch andere Aufgaben. Noch als der Handel floriert, werden am steirischen Erzberg nämlich bereits Mängel hinsichtlich einer ausreichenden Versorgung mit Dingen des täglichen Bedarfes spürbar. Proviant ist gefragt. Schon 1545, nur wenige Jahrzehnte nach der Gründung der ersten Sensenwerke im Garstnertal, wird dieses daher neben Scheibbs, Waidhofen sowie Steyr als Aufbringungsgebiet „gewidmet", wodurch über den Hengstpaß und das Ennstal eine direkte Anbindung an Innerberg erfolgt. Als erste decken St. Gallener Hammermeister ihren Bedarf, später entwickelt sich daraus ein wichtiger Verkehrsweg, über den Proviant geliefert wird, die Werkstätten des Windischgarstener Beckens jedoch auch einen Teil ihres Materials

In der Bilderwelt der Höll. Eine der mit Zeichnungen versehenen steinernen, auf Felssturzblöcken zu findenden „Schreibtafeln"

beziehen. Nicht mit Billigung Steyrs, das allerdings noch mehr die Zufuhr Vordernberger Ware über den Pyhrn bekämpft. Die ganze Kirchdorf/-Micheldorfer Zunft, das heißt auch die Meister hinaus bis ins Kremstal, bevorzugen nämlich das über Leoben gehandelte und für die Herstellung ihrer Sensen bessere Vordernberger Mockeisen, womit sie freilich gegen eine kaiserliche Verordnung zugunsten Steyrs verstoßen.

Mit der Gründung der Innerberger Hauptgewerkschaft im Jahre 1625 wird dieses Vorgehen folglich beschränkt, später jedoch wieder akzeptiert, als sich herausstellt, daß Steyr wegen seiner während der Religionswirren erlittenen wirtschaftlichen Schwächung den Bedarf gar nicht decken kann. Unter der Androhung, gegebenenfalls ebenso wie viele seiner Bürger das Land zu verlassen, erhält die genannte Zunft daher 1671 eine Sonderstellung. Ihre Mitglieder dürfen das benötigte Roheisen künftig wieder aus dem Vordernberger Revier beziehen – eine Notwendigkeit für die weitere Entwicklung ihres Gewerbes.

Was die Strecke als Eisen- und Proviantstraße betrifft, ist sie allerdings zum Unikat geworden, da auch die fertige Ware nur wieder über den Pyhrn in den Verkauf gelangen darf. Lange Umwege sind daher notwendig, und damit Kunden in Ober- und Niederösterreich, Böhmen und Mähren, Polen, Teilen Deutschlands sowie Frankreichs auch weiterhin beliefert werden können, bedarf es besonderer Anstrengungen. – Als um die Mitte des 17. Jahrhunderts jährlich an die 7.000 Zentner Roheisen den Paß überqueren, wird obrigerseits das System der Maut überdacht. Jene steyrabwärts in Klaus darf ohnehin nicht passiert werden, wogegen die eilends von Vöcklabruck nach Windischgarsten verlegte und das von der Innerberger Hauptgewerkschaft in Spital errichtete „Schnallenhaus" dafür sorgen, daß die Steyr anderwärts entgangenen Einnahmen ihm doch noch zugute kommen.

Hundert Jahre später betreibt man von seiten der Stadt Wels den Ausbau der Pyhrnroute. Vor allem den schweren Güterwägen aus Böhmen und Sachsen soll die Fahrt erleichtert werden, was noch in der Regierungszeit Kaiserin Maria Theresias auch geschieht. Sie wird zur „Kommerzialstraße", die Poststationen vermehren sich, der Reiseverkehr nimmt zu, und von 1842 bis 1906 gibt es eine ständige Linie von Wels nach Liezen.

Während des Österreichischen Erbfolgestreits (1741–1748) spielt der Paß auch strategisch eine Rolle, und in der Ära Napoleons wird er zu einem der wichtigsten Übergänge der Ostalpen. Auch später finden auf seiner Höhe sowie in der Umgebung noch militärische Aktionen statt: zuletzt beim Juliputsch 1934 und im Zweiten Weltkrieg.

Mit dem Bau des Bosrucktunnels (1901), der Eröffnung der neuen Bahnstrecke (1906) sowie der Fertigstellung der Autobahn (1986) zieht das Vergessen herauf. Jenes an die Zeit der Illyrer, der Kelten und Römer. Als die Slawen hier siedelten, das Heilige Land, aber auch San Marco die Pilger in den Süden zog. Als noch der Sklavenhandel blühte und Venedig zur Drehscheibe zwischen West- bzw. Mitteleuropa, byzantinischem Reich und der islamischen Welt wurde.

Der Pflegerturm am Fuße des Phrnpasses

Mit derlei Fakten vertraut, mache ich im Sommer 2003 meine erste Fahrt zum Pyhrn. Waidhofen an der Ybbs, die steirische Grenze vor Altenmarkt, dort hinunter zur Enns und dann eine zwar nur leicht ansteigende, dafür um so kurvigere Strecke entlang des Laussabaches gegen Westen bilden den Auftakt. Gedanken an die Kesselau und meine vor Jahren trotz aller Bemühungen, mit den Besitzern dieses prächtigen Herrenhauses in Kontakt zu kommen, letztlich doch erfolglosen Versuche begleiten mich, wechseln jedoch, als sich ungeachtet der frühen Stunde über dem Tal Gewitterwolken türmen. Wind setzt ein, bald peitscht der Regen gegen die Scheiben, und da zu Blitz und Donner noch Nebel einfällt, überlege ich, ob ich mir für mein Vorhaben nicht doch einen anderen Tag hätte aussuchen sollen. Nur, der Wetterbericht verheißt noch immer Gutes. Ich taste mich also weiter, lese zehn, dann stets weniger Kilometer bis zum Hengstpaß und erreiche kurz darauf die Höhe. Wird es drüben anders sein? Wird sich der Pyhrgas zeigen, der Große Priel?

Erst als ich fast schon in Windischgarsten bin, lichtet sich der Himmel. Gußeiserne und andere geschmiedete Kostbarkeiten um die Kirche, das berühmte Schoiswohl-Kreuz, eindrucksvolle Fassaden. Fenster mit toskanischen Säulen, mit Bögen, barocke Türen: Finden sich Zeugen des einst römischen „Gabromagus" zwar nur mehr in Museen, die Zeit des einträglichen Geschäftes mit dem Eisen und dem Proviant, jene der Frächter und Händler ist trotzdem an vielen Plätzen noch zu spüren.

Da wegen der noch immer fehlenden Sonne an ein Fotografieren nicht zu denken ist, fahre ich wenig später nach Spital am Pyhrn, dem mit seinen zwei mächtigen Kirchtürmen sowie dem einstigen Stift ehemals geistlichen Zentrum des Garstnertales.
    Und wieder ist es die Schmiedekunst, die mich staunen läßt. Noch vor dem Eingang zum „Dom" zwei zu Gärten führende Tore und in dessen Innerem das großartige, vergoldete, aus der Hofschmiede des Spitaler Meisters Ferdinand Andreas Lindermayer stammende Abschlußgitter. Dahinter barocke Pracht, Freskomalerei, mit Stuckmarmor versehene Altäre, Arbeiten des „Kremser-Schmidt", eine der schönsten Kanzeln im Land. Und, trotz allerorten auf Bildern und Postamenten laut das Lob des Herrn verkündender Engel, wohltuende Stille.
    Dann schlägt die Uhr. Und gerade als mein von der Decke zur Orgel sowie weiter abwärts schweifender Blick ein letztes Mal am Werk Lindermayers hängen bleibt, fallen ein paar Sonnenstrahlen durch das Fenster. Zeichnen lange Lichter sowie Schatten auf den Boden und geleiten mich zur Tür.

Draußen abermals die beiden Tore, die Stufen hinauf zur Straße, die Häuser: Das „Dorf im Gebirge" und viele seiner Schätze, die ich bisher ja nur aus der gleichnamigen Ortschronik kannte, werden für mich in den nächsten Stunden zum Erlebnis. Kapellen, das Mauthaus, der Pflegerturm, ja selbst der alte Weg von Venedig über den Pyhrn. Auch die Höll, die Menschen *„am besten alleine oder mit besinnlichen Begleitern früh morgens oder zur abendlichen Dämmerung oder gar bei Nebel und Schneetreiben durchwandern sollten, um*

Vom Betrachter aus links Wappen des Stiftes Spital am Pyhrn und rechts das des Probstes Heinrich Fürsten (1693–1732) über dem Portal der ehemaligen Stiftskirche Mariä Himmelfahrt in Spital am Pyhrn

sich von den Felsbildern ansprechen zu lassen, im Schauen und im Abwarten, im Hören auf die Natur rundum und in sich hinein".[4] Vom Durchkriechstein, vom Männchen im Turm, den Drei Wartenden oder vom Fadenkreuz sowie anderen seltsamen Dingen ist dort die Rede – und ich, ich erlebe sie: Steige am Vormittag noch auf einsamen Pfaden hinauf, sehe zwischen dem Stubwieswipfel und dem Schwarzeck Unglaubliches, fotografiere steinerne „Schreibtafeln", zwänge mich durch ein enges felsiges Tor und erfahre, was Menschen vermutlich schon vor Jahrtausenden in die Berge zog: die Religion, der Glaube sowie die Nähe zu Gott.

Mit der letzten Fahrt um halb fünf bringt mich die Wurzeralmbahn wieder ins Tal. Ob ich noch einen Abstecher zu jenem Gebäude machen sollte, das mich gleichfalls interessiert? Dessen Entstehung vermutlich bis in das 12. Jahrhundert zurückgeht und von dem die Chronik ebenso berichtet?

Als es 1265 im landesfürstlichen Urbar erstmals erwähnt wird, ziehen noch die Pilger über den Pyhrn. Es sichert dreißig Jahre später im Streit zwischen den Habsburgern sowie dem Erzbischof von Salzburg eine wichtige Grenze und wird auf Anordnung des Kaisers nach 1464 zur Befestigung, erhält Schießscharten, das Obergeschoß wird ausgebaut, wobei eine zinnenbewehrte Plattform entsteht. Und sind nicht gerade kriegerische Zeiten, verwalten es Spitaler Landleute, bis es gegen Ende des 16. Jahrhunderts zunehmend verfällt. 1677 wohnt ein Jäger dort. In der Folge sind es Bauern, die in seiner Umgebung Wald- und Landwirtschaft betreiben.

Es ist der Pflegerturm, auch „Turm am Pyhrn" genannt, und einst der südliche Nachbar der zur Absicherung des von der steirischen Landesgrenze nach Norden verlaufenden Straßenstückes errichteten Burg in Klaus.

Etwas ganz Besonderes also, obwohl auf Grund des seit 1835 insgesamt fünfzehnmal erfolgten Besitzerwechsels gleichfalls zu vermuten ist, daß niemand mehr mit ihm tatsächlich etwas anzufangen wußte. 1957 daher bereits unbewohnt, kann nur mehr die mit Hilfe einer örtlichen Arbeitsgemeinschaft sowie des Bundesdenkmalamtes erfolgte Neueindeckung das Ärgste verhindern, bis sich im Jahre 1982 jemand findet, der das Grundstück erwirbt und den Turm in letzter Minute rettet.

Also werde ich auf der Rückfahrt an der bewußten Stelle etwas langsamer, glaube durch das am Straßenrand stehende Gestrüpp hindurch sogar jemanden an der Tür zu bemerken, drehe bei der nächsten Gelegenheit um und beschließe, mir zumindest aus einiger Entfernung ein Bild davon zu machen.

Vermutlich auf Steinblöcken ruhendes, im Rücken sichtlich an einen Felsen gelehntes Mauerwerk, verschieden große Fenster, da und dort besagte Schußöffnungen, ein schindelgedecktes Dach: Wie immer, wenn ich zum ersten Mal ein altes Haus, ein bemerkenswertes Gebäude sehe, brauche ich Zeit. Vergleiche, schließe auch die Umgebung mit ein, urteile

Ausleger mit Darstellung des
„Goldenen Löwen" am Bummerlhaus in Steyr

jedoch nie, ohne auch sein Inneres und seine Bewohner zu kennen. Würden sie mich diesmal wieder verstehen? Wäre es richtig zu fragen, einfach hinzugehn?

Da ich müde bin und noch einen weiten Weg nach Hause vor mir habe, bleibt Solches vorerst im Raum. Statt dessen schreibe ich – längst heimgekehrt, doch mit meinen Gedanken noch immer am Pyhrn – einen Brief. Schildere meine Suche nach alten Wegen, drücke meine Hoffnung bezüglich eines in den nächsten Wochen möglichen Gespräches aus und warte wie schon oft in solchen Dingen auf Antwort.
    Als diese nicht kommt, der August sowie der September ins Land ziehen, lasse ich es bei obigen Daten. Freue mich zumindest über ein gelungenes Foto und bringe die Geschichte auch so zu Ende.

Noch einmal ein Herbsttag auf der Wurzeralm, diesmal der Blick vom Frauenkar am Warscheneck nach Osten, Erinnerungen an die Stubwies, an die Höll. Dann zum Abschluß ein Besuch im Felsbildermuseum in Spital und, kurz vor Sonnenuntergang, ein letztes Mal in Windischgarsten.
    Der Heimweg über St. Pankraz nach Klaus sowie durch das Steyr- und das Ennstal wird einsam. Ob ich nicht doch auch noch nach Venedig fahren sollte, an den Canal Grande, den Rialto, an das Meer? Ob ich nicht doch auch noch die alten Plätze suchen sollte, wo es vielleicht immer noch nach Weihrauch und Gewürzen duftet?

Als der Verkehr plötzlich wieder mehr Aufmerksamkeit erfordert, verfliegen diese Gedanken. Drehen sich später abermals um dieses Thema, kehren dann aber aus der Vergangenheit in die Gegenwart zurück.
    Daß der Fondaco unter italienischer Herrschaft erst zum Refugium der Zollbehörden, nun zum Hauptpostamt geworden ist, ist zumindest Fachleuten bekannt. Auch daß die Stadt selbst, außer in Archiven und auf Gräbern, kaum mehr etwas von den Deutschen weiß. Und hier? An der Teichl, der Steyr, der Krems entlang, in den Tälern der Enns, der Ybbs, der Erlauf, was blieb hier von diesen Dingen?
    Eine Wandtafel aus Marmor im Steyrer Heimathaus fällt mir ein und das dortige Bummerlhaus, auf dessen verbliebenem Wirtshausschild noch jetzt ein derart beleibter venezianischer Löwe prangt, daß man ihm diesen Namen gegeben hat. Eine Darstellung des für den Evangelisten Markus stehenden Symbols an einem Linzer Altstadthaus, manch durchaus auch noch näher zu Hinterfragendes, wie die Erwähnung eines „Hammers bei Venedig" in der Grestner Ortschronik[5] ... Aber sonst?

Schon zu recht später Stunde fahre ich durch das nächtliche Ybbsitz heimwärts. Vorbei an mir vertrauten Häusern, der Mariahilf-, der Johannes Nepomuk-Kapelle, nur beim „Goldenen Löwen" brennt noch Licht. Dieses ist noch so etwas, das vermutlich an diese

*Wappen und Hauszeichen des Geschlechtes der Prandtstetter
mit dem venezianischen Markuslöwen als Schildhalter (Heimathaus Steyr)*

Zeit erinnert, kommt es mir in den Sinn, bevor ich mich nach einem zwar anstrengenden, aber auch erlebnisreichen Tag zur Ruhe lege.

---

[1] *OFNER, JOSEF: Die „Venedigischen Handelsleute" der Stadt Steyr. Ein Beitrag zur Geschichte des Steyrer Italienhandels im 16. und 17. Jahrhundert. Steyr 1960, S. 42*

[2] *Berittene Straßenaufsichtsorgane*

[3] *Frächter*

[4] *ANDERLE, GERHARD, Ausruhen in der Höll – Gedanken eines Priesters. In: Krawarik, Hans (Hg.), Dorf im Gebirge – Spital am Pyhrn 1190–1990, Linz 1990, S. 433. Auf S. 117 „Wichtige Flurnamen um Spital am Pyhrn": Höll = unheimlicher, grausiger Ort.*

[5] *Was die schon 1588 vorkommende Bezeichnung einer ehemaligen Kupfer- und Pfannenschmiede sowie eines benachbarten Gebäudes in Gresten NÖ als „Hammer bei Venedig" oder „Häusl bei Venedig" auf sich hat, weiß auch die von Otto Seefried im Jahre 1933 verfaßte Marktgeschichte (Seite 97) nicht genau. Es ist jedoch anzunehmen, daß diese auf eine frühere Geschäftsverbindung eines der dortigen Besitzer mit der Adriametropole zurückgeht.*

Erkersockel mit venezianischem Markuslöwen aus rotem Marmor. Steinernes Zeugnis für den Venedigerhandel an einem vor 1550 erbauten Linzer Altstadthaus

LITERATUR

FELDBAUER, PETER / MORRISSEY, JOHN: Venedig 800–1600, Wasservögel als Weltmacht, Wien 2002 – KRAWARIK, HANS (Hg.): Dorf im Gebirge. Spital am Pyhrn 1190–1990, Linz 1990 – LAND DER HÄMMER, HEIMAT EISENWURZEN: Katalog zur oberösterreichischen Landesausstellung, 1.Aufl., S. 75–81 und 116–121, Linz 1998 – OFNER, JOSEF: Die „Venedigischen Handelsleute" der Stadt Steyr. Ein Beitrag zur Geschichte des Steyrer Italienhandels im 16. und 17. Jahrhundert. In: Veröffentlichungen des Kulturamtes der Stadt Steyr, 21 (1960), S. 29–46 – SANDGRUBER, ROMAN: Ökonomie und Politik. Österreichische Wirtschaftsgeschichte vom Mittelalter bis zur Gegenwart, Wien 1995 – SIMONSFELD, H.: Der Fondaco dei Tedeschi in Venedig, Bd. 1 u. 2, Stuttgart 1887 – WEINDL, ROSINA: Der Venedighandel Steyrs im 16. und 17. Jahrhundert. Versuch einer Skizze von Handel und Leben einiger Patrizierfamilien Steyrs mit der Lagunenstadt, Wien 1989 (Diplomarbeit)

Nikolauskirche (1508), Alter (vorne) und Neuer Kasten (1777) in Großreifling. Österreichisches Forstmuseum

DER ENNS ENTLANG

Alten Wegen nachzugehen, mag für den einen das Erleben der Natur, der Berg- oder der Pflanzenwelt bedeuten, für den anderen ist es die Kunst, die ihn bewegt, solches von Zeit zu Zeit zu tun. Auch die Architektur von Burgen und Schlössern, Kirchen und Häusern fasziniert, oder, wie gerade in der Eisenwurzen, jene der mächtigen, vornehmlich als Lager- und Umschlagplätze für Roheisen oder von Getreide bzw. Lebensmitteln einst errichteten „Kästen" der Innerberger Hauptgewerkschaft entlang der Enns. Dreien von ihnen, ihrer Geschichte sowie ihrer derzeitigen Verwendung ist ein Großteil dieses Kapitels gewidmet – weiters Menschen, denen sie zum Lebensinhalt geworden sind. Schließlich noch Rast- und Einkehrstätten vergangener Tage, deren bis heute unveränderte Form in ebensolchem Maße diese Landschaft prägt.

Begonnen hat das Ganze im Herbst 2001, als ich in einem dieser Gebäude in Kastenreith anläßlich eines vom „Montanhistorischen Verein für Österreich" veranstalteten Symposiums Adolf Grabner traf – jenen Mann, dessen Name mir schon wiederholt begegnet war und der hier über Holzrechen sowie das Aufbringen von Holzkohle für Innerberg referierte.
    Seine in zwei Auflagen verfaßte „Geschichte der Gemeinde Wildalpen" kam mir in den Sinn, die für mich eine unverzichtbare Quelle war, als ich vor ein paar Jahren über das Salzatal und das Tullecksche Gewerkenhaus schrieb. Das von ihm gegründete dortige Heimatmuseum. An verschiedene Beiträge in Fachzeitschriften erinnerte ich mich. Und, waren da nicht vor allem seine Bemühungen, das Forstwesen insgesamt zu dokumentieren sowie schließlich die Erfüllung dieses Traumes in Großreifling?
    Ein Gespräch während des gemeinsamen Mittagessens, der im Frühjahr darauf erfolgte Besuch in St. Marein und meine Hartnäckigkeit, mehr darüber zu erfahren, machen es möglich: An einem Novembermorgen im Spätherbst 2002 breche ich, kaum daß es hell geworden ist, von Ybbsitz aus ein zweites Mal zu ihm ins Mürztal auf ...

Vorerst geht es über Gresten nach Gaming, dann über den Grubberg und die Langau auf den Zellerrain sowie schließlich knapp vor Gußwerk in Richtung Kapfenberg. Hinter Gollrad weist rechts an der Straße eine Tafel zum Brandhof, das an die Hochzeit Erzherzog Johanns mit seiner Anna Plochl erinnernde weitläufige Gebäude selbst bleibt hinter einer dichten Nebelwand verborgen. Oben am Sattel plötzlich wieder Sicht, die vielen Kehren nach Seewiesen hinab jedoch abermals schmutziges Grau. Erinnerungen an den Sommer, den Hochschwab, die Staritzen sowie das weite schöne Tal dazwischen werden wach und verschwinden erst wieder, als eine Abzweigung links über eine kleine Anhöhe nach Turnau und weiter zum Pogusch führt. Oben ein altes Gehöft, eine Gastwirtschaft – da ich nun

Pinselstieldrechselbank und Zurichtbank aus der „Viechtauer-Hausindustrie" in Neukirchen, westlich des Traunsees

bereits zwei Stunden unterwegs bin, vertrete ich mir ein wenig die Füße. Schindelgedeckte Dächer, eine vom letzten Sturm arg in Mitleidenschaft gezogene Linde. Ziegen, Schafe, Zäune. In einer Kapelle ein Kruzifix. Ob ich nicht genau dieses Bild bereits von irgend woher kenne?

Als ich wieder ins Auto steige, sehe ich in Gedanken schon St. Marein vor mir. Seine Kirche und die schöne gotische Madonna. Das kleine Haus an der Straße, die Fenster, den Raum dahinter und ihn, der mir zugesagt hat, sich Zeit zu nehmen und für mich da zu sein.

Der mittelgroße grauhaarige Mann empfängt mich an der Tür. Den weiteren Weg kenne ich ja schon, meint er, und kurz darauf sitze ich Adolf Grabner im Wohnzimmer gegenüber. Seine gepflegte Kleidung sowie seine klare kräftige Stimme waren mir bereits bei meinem ersten Besuch aufgefallen, heute beeindrucken mich in erster Linie er selbst, sein in über sechs Jahrzehnten erworbenes Wissen und seine fachliche Kompetenz.

Also, im Grunde sei es ihm ja klar, worum es gehe. Nur, wo er anfangen solle? In Wildalpen, in Bruck an der Mur, in Großreifling?

Da ganz oben auf meiner Liste die Fragen nach seiner Kindheit, seinem Elternhaus stehen, beginnt er mit dem ersteren.

Forstarbeiter bei den Staatsforsten in Wildalpen zu sein, hatte mancherlei Vorteile. Neben einer gesicherten Stellung und einem jährlichen Brennholzdeputat war damit meist auch eine Wohnung verbunden. Starb der Betreffende jedoch oder schied er sonst irgendwie aus, hieß es für die Frau und oft auch noch die Kinder in vielfach ärmlichere Quartiere umzuziehen. Solcherart gezwungen, mußte sein Vater, nach Ende des Ersten Weltkrieges gerade erst in den Gendarmeriedienst eingetreten, diesen nach dem Tode des Großvaters wieder quittieren und dessen Nachfolge antreten. Mit Sicherheit der Grund seiner Ablehnung, daß auch der Sohn einmal einen forstlichen Beruf ergreife, meint Grabner, und jemand, vor eine ähnliche Situation gestellt, womöglich ebenso handeln müßte.

Freilich, 1927, als der kleine Adolf im Elternhaus seiner Mutter in Fachwerk geboren wird, ist zumindest für diesen die Welt noch in Ordnung. Im Winter der Schnee, das übrige Jahr der Wald, die Wiesen ringsherum. Das Krimpenbachhochtal, ein mit seinen schweren tonigen Böden und dem enorm starken Altholzbestand ideal zum Sammeln von Pilzen und Beeren ausgestattetes Gebiet, die Lassing – erst als man in das fünf Kilometer östlich gelegene Wildalpen zieht, er die Volksschule und darauf die Hauptschule in Eisenerz abschließt, wird das bestimmend. Der Vierzehnjährige kommt in die Werkschule nach Donawitz und erlernt während des Zweiten Weltkrieges dort den Beruf des Technischen Zeichners. Als er weiter nach Graz an die Bundeslehranstalt für Maschinenbau und Elektrotechnik geht, wird er nach einem Semester zum Reichsarbeitsdienst einberufen, muß jedoch anschließend nicht an die Front, sondern bleibt Ausbildner bis zum Ende.

Inzwischen wohnt die Mutter im Erdgeschoß des Innerberger Gewerkenhauses[1], hält sich und den jüngeren Sohn als gelernte Schneiderin und Handarbeitslehrerin über Wasser,

– 133 –

Kirchlandl vor der Kulisse des Großen und Kleinen Buchstein

wird 1945 allerdings von dort kurz vertrieben und steht nach der Plünderung durch Ostarbeiter völlig mittellos da.

Weil der Vater noch in Gefangenschaft ist, setzt der heimgekehrte Sohn nun seinen schon immer vorhandenen Wunsch, Förster zu werden, in die Tat um. Er bewirbt sich bei dem seit dem Bau der 2. Hochquellenleitung in Wildalpen großen Arbeitgeber, der Gemeinde Wien, um eine Stelle als Praktikant, dient die dafür nötigen zwei Jahre auch ab, hat wegen des großen Andrangs jedoch keine Möglichkeit, in eine Försterschule aufgenommen zu werden. Dem von einer Tätigkeit in der freien Natur durch nichts mehr abzubringenden jungen Grabner bietet sich in der Folge aber eine neue Chance. Da im Salzatal, dem Gesäuse sowie in Teilen der Obersteiermark plötzlich ein im Hochgebirge bis dahin völlig unbekannter Waldschädling, die Nonne, auftritt, wird in Wildalpen unter der Leitung eines Forstentomologen eine Forschungsstation eingerichtet, welche das Ausmaß des Befalls sowie Maßnahmen zu dessen Bekämpfung ausarbeiten soll. Grabner kommt ins Team, lernt die Umwelt aus einer neuen Perspektive kennen und bleibt zwei Jahre. Als das Projekt zu Ende ist, geht er auf die Forstschule nach Bruck an der Mur. Nimmt, da für ihn keine Hoffnung besteht, in der Heimat wieder Fuß fassen zu können, nach Abschluß seiner Ausbildung und einem weiteren Praxisjahr abermals bei den Quellschutzforsten das Angebot, Schulförster zu werden, an und übersiedelt 1952 endgültig dorthin.

Während er kurz das Zimmer verläßt, überlege ich mir, daß das bisher Gehörte wohl sein Interesse am Forst, vielleicht auch noch an technischen Dingen, so gut wie gar nichts jedoch von seiner Sammelleidenschaft verrät. Wann und wie er dazu gekommen sei, ist daher meine nächste Frage.

Der Angesprochene lehnt sich zurück, schließt für einen Moment die Augen und überrascht mich mit der Feststellung, daß dies höchstwahrscheinlich mit Vaters Zähnen zu tun hatte. Freilich nicht mit dessen eigenen, lacht er, sondern mit lose in der Stubentischschublade herumliegenden, von ihm während seiner Tätigkeit bei den Staatsforsten in der nahen Arzberghöhle gefundenen Gebißteilen von Höhlenbären. Als er auch noch von dort massenhaft unter Schlamm, Lehm und Kalksinter begrabenen Skeletten dieser Urwaldtiere erfährt, ist er vollends begeistert. Er getraut sich zwar nie wirklich in ihre Nähe, sammelt von da an aber gerne, was in der Natur zu finden ist.

Das zweite, das ich genauer wissen möchte, nämlich, warum sein Spezialgebiet bis heute die ehemaligen Holzrechen, aber auch andere forstliche Bringungseinrichtungen im Enns- und Salzatal geblieben sind, begründet er mit seinem Beruf als Technischer Zeichner. Nicht zwei-, sondern dreidimensional, also auch in die Höhe und in die Tiefe zu sehen, hätte er dabei lernen müssen. Daher verleitet es ihn bald, aus den Stümpfen und einzigen noch vorhandenen Zeugen dieser einst bedeutenden Bauten ihr früheres Aussehen zu rekonstruieren, Pläne zu erstellen sowie schließlich Modelle. Alles zusammen hätte dann den Wunsch ergeben, in Wildalpen ab 1966 in zwei Räumen der ehemaligen Waldbauschule eine forstgeschichtliche Sammlung einzurichten, und, da sich das Interesse dafür noch in

*Gedenkstein (Epitaph). Detail an der Außenseite der Pfarrkirche von Landl.
Zur Erinnerung an Hans Gasteiger (1499?–1577),
den Erbauer des Holzrechens in Großreifling*

Grenzen hält, diese vorerst als eine heimatkundliche zu deklarieren. Vier Jahre später ist es auch den Zweiflern klar. Da ihr Schwerpunkt wirklich ein anderer ist, ist auch der Name Forstmuseum passender.

Grabners Raumnot wird immer dringlicher. Da einerseits an den Erwerb des Museumsgebäudes nicht zu denken ist, andererseits bestehende Lagermöglichkeiten aufgekündigt werden, geht er auch in der Nachbarschaft auf entsprechende Suche und stößt dabei unvermittelt auf den sogenannten Neuen Kasten in Großreifling.

Als er durch die nur angelehnte Tür ins Innere tritt, die vollkommen glatten Wände, die Gewölbe im Erdgeschoß, dann die über vier Stockwerke reichende faszinierende Holzkonstruktion sieht, ist er begeistert. Er denkt dabei jedoch vorerst nicht einmal im Traum an die Erfüllung seiner Wünsche. Auch jene, die insgeheim auf das Innerberger Gewerkenhaus, seine einstige Wohnstätte, abgezielt hatten, sind ja mittlerweile vom selben Eigentümer zurechtgerückt worden. Dabei war damals noch gar keine Rede vom Wasserleitungsmuseum gewesen ... Um so überraschter ist er, als von Seiten der Bundesforste selbst wenig später Großreifling ins Spiel gebracht wird. Ob er nicht auch damit das Auslangen finden könne?

So begann es, meint der nun richtig ins Schwärmen Gekommene. Höchst erfreut sagt er zu, macht Pläne, sieht sich bereits nach Helfern um, bis, ja bis ihm mitgeteilt wird, daß 1975 anläßlich „50 Jahre Österreichische Bundesforste" diese auf Schloß Orth in Gmunden ein eigenes Museum planten und daher ein zweites in Österreich nicht sinnvoll sei. So gibt es also trotz aller vorangegangenen Versprechungen wieder eine Absage.

Seiner Bitte, zumindest Depoträume zur Verfügung zu stellen, kommt man dagegen nach, denn das Objekt ist groß, manche Flächen sind vollkommen leer, und würde man das viele Gerümpel zusätzlich entsorgen, bliebe selbst für den Gemeindearrest im Erdgeschoß noch Platz.

Währenddessen arbeitet für Grabner die Zeit. In Gmunden geht das Jubiläumsjahr auch ohne größere Feierlichkeiten vorüber, dafür kommt Großreifling als mögliches zukünftiges steirisches Landesforstmuseum ins Gespräch. Sofort kontaktiert er zuständige Stellen in Graz, und diesmal ist es der einzige in der Steiermark unverändert gebliebene Getreidespeicher selbst, welcher die Denkmalschützer mobilisiert. Ein freundlicher Hofrat stellt zwei Jahre hintereinander Geld zur Verfügung, mit Forstschülern, Eisenbahnern und Privaten geht man an die Entrümpelung. Eine Admonter Firma erledigt Bauarbeiten, die Fußböden im Erdgeschoß sowie die Trittflächen auf den Stiegen sind schadhaft – eines großen und leider nicht förderungswürdigen finanziellen Aufwandes bedarf die Elektroinstallation. Als die Mittel daher bald zu Ende sind, ist Grabner erfinderisch. Er richtet einen Spendenaufruf an die Forstwirtschaft, spricht österreichweit Betriebe, führende Persönlichkeiten, Revierleiter sowie Bedienstete an und verzeichnet einen solchen Erfolg, daß nach

*Sgraffitogeschmücktes Portal
am Posthof in Großreifling*

der Innensanierung endlich an den Museumsaufbau gedacht werden kann. Im Frühjahr 1979 wird das Gebäude unter Beteiligung hoher Vertreter des Bundes und des Landes seiner Bestimmung übergeben, der Pfarrer segnet es – was vor vier Jahren begonnen wurde, ist nach mühevoller Arbeit vollendet.

Abermals lehnt sich Grabner zurück, blickt das erste Mal auf die Uhr und dann auf mich. Ob er glücklich gewesen sei? Nur erschöpft, meint er. Wiederholt dann meine Frage, stellt sie sich noch einmal selbst und bleibt dabei. So erschöpft, daß er nach den Jahren der unentwegten Anspannung, der Hoffnung, dann auch der Enttäuschungen, einfach Zeit brauchte, um sich freuen zu können. Dabei wäre der äußere desolate Zustand, die schadhafte Eindeckung eine weitere, alle Kräfte erfordernde Aufgabe gewesen ...

Er konnte und wollte auch gar nicht mehr. Doch, war es wieder einmal Zufall oder Absicht, ein, zwei Jahre danach führt vom Stift Admont aus eine Exkursion höchster Forstbeamter auch den zuständigen Minister vorbei. Dieser macht das Erwähnte möglich, und schon unmittelbar darauf werden der Eigentümer sowie das Bundesdenkmalamt tätig. Von Fachleuten wird das Dach an der Südseite komplett neu, jenes an der Nordseite mit alten, noch handgeschlagenen Ziegeln umgedeckt und die Fassade restauriert: Kurz, für Grabner geschieht ein Wunder. Jetzt ist auch er froh.

Nun, da der Neue Kasten förmlich strahlt, kommt auch der Alte, unmittelbar daneben stehende, ins Gespräch. Teils in Gelb, teils in Weiß und Schwarz gehalten, im Sinne einer einheitlichen Wirkung ist es dringend nötig, auch hier etwas zu tun. Wieder legen sich alle ins Zeug. Dach und Fenster werden erneuert, er wird außen neu gefärbelt, nur der Zustand der kleinen, dem Patron der Schiffer und Flößer, dem hl. Nikolaus, geweihten Kirche ist ein schlechter. Als diese jedoch von den Bundesforsten dem Stift Admont geschenkt wird, gelingt es, auch sie zu sanieren. Grabner, nur mehr mit der Beschaffung immer weiterer Ausstellungsstücke für sein Forstmuseum „Silvanum"[2] beschäftigt, sieht es mit Freude. Was mit der Wiederherstellung eines Gebäudes begann, ist zum prächtigen Ensemble geworden.

Noch einmal tritt Wildalpen auf den Plan. Die Gemeinde Wien erwirbt 1984 das dortige Gewerkenhaus, plant ein Wasserleitungsmuseum einzurichten und bietet gleichzeitig Platz für Weiteres. Aus der ehemaligen Waldbauschule übersiedeln daher die letzten forstlichen Exponate Grabners nach Großreifling, die heimatkundlichen bleiben und füllen fortan Teile des Erdgeschoßes. Geradezu eine Verpflichtung, meint er noch, diese dort zu belassen. Was sich dahingehend auswirke, daß er sogar noch im Vorstand des dortigen Museumsvereines sei.

Und der Dank des Bundes, des Landes, der Gemeinden? Welcher ihm wohl zuteil geworden sei? Sichtlich darauf nicht vorbereitet, kommt seine Antwort auf diese Frage nur zögernd: Dieser wäre schon verschiedentlich erfolgt. Doch im Einzelnen? Er habe im Leben nie versucht, Persönliches hervorzukehren, und wolle es daher im Alter jetzt auch nicht mehr tun.

*Die Ennsenge (Kripp-Klamm) bei Großreifling.
Links der im Jahre 1998 wieder begehbar gemachte Treppelweg*

Als nun ich auf die Uhr blicke, geht es schon gegen Mittag zu und die letzte, vielleicht wichtigste Frage, steht förmlich im Raum. Darauf angesprochen, wie es ohne ihn einmal weitergehen solle, bleibt er zum ersten Mal stumm. Nach einer Weile setze ich nach, versuche es auf andere Weise und ringe ihm doch die Antwort ab, daß er es nicht wisse. Er werde da sein, solange es ihm möglich sei, noch zu fahren, zu reparieren, sogar noch das eine oder andere Exponat aufzutreiben. Er werde kämpfen, um einen möglichen Schaden oder Verlust an solchen zu verhindern. Er werde auf die Leihgaben achten ... Aber dann?

Vom nahen Kirchturm schlägt es zwölf. Wohl hunderte Male sei er dieselbe Strecke gefahren, meint Adolf Grabner abschließend, als er sich bezüglich meines Heimweges erkundigt, der nun von St. Marein über den Präbichl nach Norden führt. Zuvor von der Mürz an die Mur, an Kapfenberg, Bruck, Leoben sowie Eisenerz vorbei und schließlich nach Hieflau.

Wieder ziehen die Nebel ins Tal. Wieder verschwinden Dörfer, Weiler, Häuser im Grau. Wieder ist es November. Ob ich mit meiner nächsten Geschichte nicht warten sollte, bis sie von schöneren Tagen erzählt?

Großreifling, Kleinreifling, Kastenreith. Letztere stehen als Nächstes am Programm. Dann Steyr. Es wird Winter werden und kalt wie immer an der Enns.

* * *

Und so ist es auch. Doch zwei Monate später läßt mich der erste schöne Schnee die weit kürzere Strecke von Ybbsitz bereits wieder nach Süden nehmen: Ich fahre durch die Prolling, über die Kripp in Richtung Göstling sowie weiter über Lassing und Mendling das zweite Mal in die Steiermark. Vom anderen Ufer der Salza grüßt die Kirche von Palfau – waren es vorher die Gipfel des Großen und Kleinen Buchsteins, die in der Sonne glänzten, ist es nun, wenn auch nur kurz, die Spitze des Tamischbachturms. Gams, die Höhe des Radstatt, an dessen Fuße der gleichnamige Hof, es ist eine mir seit langem bekannte Landschaft. Und doch, manches ist auch für mich immer wieder neu.

Gasteiger! Eine Person, ein Berg? Jedesmal, wenn ich im Vorbeifahren an der Straße diese einen Wanderweg in Landl bezeichnende Beschilderung sah, nahm ich mir vor, zu fragen. Bis, ja bis ich an dieser Geschichte zu schreiben begann, sich das Rätsel ganz von selbst löste und ich deswegen heute sogar unterwegs bin.

Hans Gasteiger! Auf ihn, den vermutlich 1499 in Südtirol geborenen späteren Erbauer des Rechens in Großreifling, hatte mich schon Adolf Grabner aufmerksam gemacht. Denn da durch den Aufschwung der Eisenindustrie immer mehr Holz auch aus entfernteren Gegenden gebraucht wurde, dachte man für dessen Transport vor allem an die Wasserwege. Nicht nur die Bestände flußaufwärts der Enns, sondern auch die riesigen Vorräte des mittleren Salzatales waren ja noch vorhanden, und es bedurfte nur der notwendigen Bringungshilfen, um diese zu nutzen.

Der „Kasten an der Enns" bei Weyer

Erste Pläne sahen von höchster Stelle aus daher die Bildung einer Kommission vor. Hans Gasteiger, dessen Ruf als Fachmann bis hierher gedrungen war, erhielt den Auftrag zum Bau des großen Holzrechens und stellte diesen 1570 fertig. Gleichzeitig nahm er die Schiffbarmachung der Enns von Großreifling bis Hieflau, die Reparatur des dortigen, von einem Hochwasser fast völlig zerstörten Rechens und die Anlage eines Treppelweges für die Bergfahrt in Angriff, dessen Vollendung er allerdings nicht mehr erlebte. Ob ich den ihm ob seiner Verdienste für das Innerberger Eisenwesen errichteten Gedenkstein an der Außenseite der Pfarrkirche von Landl kenne?

Zumindest ein Bild davon zu machen, habe ich mir daher vorgenommen. So biege ich nach Erreichen der Eisenbundesstraße in Richtung Steyr ein, dann wenige Kilometer später links in den Ort und stehe nach kurzer Zeit vor meinem Ziel.

Hier in diesem Talschluß suche ich vergebens nach der Sonne. Jetzt, Mitte Jänner, meint sie es nur mit jenen an den Hängen gegenüber oder entlang des Flusses gut, antwortet eine auf meine diesbezügliche Frage bereitwillig Auskunft gebende Frau. Also helfe ich dem Licht ein wenig nach, mache nur noch einige Fotos auf dem Friedhof und trachte der Kälte wegen, zurück zu meinem Auto zu gelangen.

Wieder an der Straße, geht es weiter nach Großreifling. Der Posthof, erst kürzlich prächtig restauriert, mit rundbogig gewölbter Eingangstür, Zwillingsbogenfenstern und reichem Sgraffitoschmuck, nimmt mich als nächstes gefangen. Von dort auch der Blick auf die Kästen, den Alten, den Neuen – auf die Nikolauskirche. Obwohl ich von deren aller Winterschlaf jetzt weiß, fahre ich dennoch die Enge hinauf, bewundere Details an den Fassaden, lese Wissenswertes auf Tafeln und, hätte nicht die Turmuhr schon weit über Mittag angezeigt, ich wäre vielleicht noch ein drittes Mal um die alten Gemäuer gegangen. So aber verlasse ich sie wieder, überquere gleich darauf die Enns und bin bald auf dem Weg nach Altenmarkt.

Noch ein weiteres Mal beschäftigt mich Hans Gasteiger. Eine kaum einen halben Kilometer später auftauchende Hinweistafel auf ein während der Sommermonate neuerdings wieder begehbares Stück des alten Treppelweges ist der Anlaß, der wenige Verkehr macht es ebenso möglich, und, da die Jahreszeit einen Besuch ohnedies ausschließt, verliere ich mich ein wenig in Gedanken ...

Flöße treiben auf der Enns. Transportieren Eisen und Halbzeug – 1564 sind es an die siebenhundert, im Jahr darauf schon über sechzehnhundert, die von hier flußabwärts ziehen. Holz wird knapp, fehlt für die Verkohlung vor Ort und schwimmt ungenützt nach Steyr. Trägt zwar wertvolle Last, ist für die Verhüttung des Erzes aber dahin.

Folglich soll obiger, wie es in einem Protokoll von 1569 heißt, *„Ernannter Hans Gasteiger den Schöff- und Roßweg von Hainbach aufwärts durch die Strupp linker Hand zu erbauen anfachen hinauf zur Kripp und durch die ganze Steinwand in der Kripp hinauf zu Reifling zum neuen Rechen von Reifling, von dort weiter zur Wondabruckn bis gor zum Rechen in der Hieflau".*

*Eingang in das Ennsmuseum
und in die Flößertaverne*

Er tut es, beginnt noch während des Baues am Reiflinger Rechen mit dem Weg und schafft ihn mit seinen Schlagwerken, Hebzeugen sowie eigens dafür entwickelten Maschinen in zwei Jahren bis zur Wandauer Brücke. Doch daß 1583 die gesamte Strecke fertig ist und damit erstmals Kohle, aber auch Proviant mit dem Schiff von Großreifling flußaufwärts nach Hieflau transportiert werden können, erlebt Gasteiger nicht mehr. Obwohl er hier ein Haus besitzt, stirbt der Vielbeschäftigte 1577 in Wien, und ein Zeitgenosse, vielleicht ein Freund, widmet ihm besagtes Epitaph.[3]

Als ich in die Nähe von Altenmarkt komme, wird die Zeit meiner nun schon zwei Jahre zurückliegenden Beschäftigung mit den Herrenhäusern wieder lebendig. Die Tage in der Kesselau, in Spitzenbach und in St. Gallen. Dennoch, die nächsten meiner neuen Ziele liegen im Norden: Es sind die Häuser Fockenau, Am Moos und Kastenreith.

Während ich an ersterem nur das steingerahmte, mit Oberlicht und Jahreszahl versehene Tor fotografiere, bedeutet mir das zweite schon weit mehr. So steht der bereits 1491 urkundlich erwähnte und im Übergang von der Spätgotik zur Renaissance entstandene Bau für einen jener typischen Einkehrgasthöfe, wie es sie Jahrhunderte hindurch entlang vieler alter Wege gab. Und noch etwas macht ihn interessant: Galt er doch zur Zeit der Reformation, während der sich auch radikale Gruppen bildeten, als Hort der von Steyr aus tätigen sogenannten „Wiedertäufer". Das in den siebziger Jahren demolierte, schräg gegenüber liegende „Protestantenstöckl" diente als Meß- und Gebetsraum. Leider ist letzteres dem Straßenbau zum Opfer gefallen. Nur die Taverne selbst kündet noch davon, läßt die Zeit der Glaubenswirren wieder aufleben, aber auch jene der Fuhrleute, der Händler und sonstigen Reisenden auf der Eisenstraße.

Der Kasten, die Flößertaverne, liegen bei meinem Eintreffen längst im Schatten. Einzelne Eisschollen treiben auf dem Wasser, die Kälte hat noch zugenommen, ich blicke auf die Uhr. Ob sich wer finden wird, mir ihre Geschichte zu erzählen, mir ihre Tore zu öffnen, auch in dieser Jahreszeit?

Für heute freilich ist mein Bedarf gedeckt. Und sollte der Winter dabei vorübergehen, ist der Frühling an der Enns bestimmt genau so schön.

Es dauert jedoch nicht einmal zwei Wochen, und ich fahre abermals nach Kastenreith. Diesmal über Waidhofen, bald nach der oberösterreichischen Landesgrenze am linker Hand vom Heiligenstein herabschauenden Sebalduskirchlein vorbei, dann nach Weyer und von dort an die Enns.

Auf dieser Strecke gleich allen drei einst wichtigen Transportwegen des Eisens vom Erzberg her zu begegnen, mag vielen heute gar nicht mehr bewußt sein. Auch läßt es die fast eben dahinführende Straße geradezu unglaublich erscheinen, daß hier früher die mit Pferden bespannten schweren Wagen tagelang bergauf und bergab nach Steyr, viele auch ins Ybbstal hinaus unterwegs waren – bis man den Vorteil des schnelleren und billigeren

Ennsmuseum / Volkskunderaum: Im Vordergrund das Modell eines Gaflenztaler Haufenhofes

Wasserweges erkannte, ab diesem Zeitpunkt die Fracht eben spätestens drinnen in Großreifling, wo durch den Zufluß der Salza die Enns mächtig genug geworden war, auf Flöße verlud und sie auf diese Weise transportierte – auf Baumstämmen, die man aus Seitentälern brachte, was schon von den Triftern viel Mut und Kraft erforderte, ehe man sie dann an Rechen ans Land zog, am sogenannten „Ganterplatz" zusammenbaute und das Ganze nicht weniger Tapferen überließ.

Ennsflöße waren höchstens 20 Meter lang, maßen vorne etwa ein Viertel, hinten ein Drittel davon und trugen bis zu 60 Zentner, das waren etwa 3.000 Kilogramm, ihrer eisernen Last. Zum Steuern gab es Ruder, mittels derer, je nach Größe des Floßes, drei bis fünf Männer versuchten, an Engstellen, hereinragenden Felsen und sonstigen Gefahren vorbeizukommen. Schlechten Schwimmern vertraute man dabei mehr als guten. Erstere verließen nämlich im Ernstfall weniger rasch das außer Kontrolle geratene Gefährt, sie waren jedoch auch jene, welche am ehesten daran glauben mußten.
 Als durch die Regulierung der Enns sowie der Anlage der Treppelwege auch die Bergfahrt möglich wurde, baute man zusätzlich Schiffe. Diese schafften das Drei- bis Vierfache, transportierten flußabwärts Eisen sowie, mit Hilfe vorgespannter Pferde, in der Gegenrichtung Proviant. Die an Bord genommenen Tiere zogen aufs neue die Fracht hinan – und so kam es, daß zum Beispiel um 1850 auf der Strecke zwischen Großreifling und Steyr im Jahresdurchschnitt 56.330 Zentner Eisen oder Stahl sowie 1.172 Zentner verschiedene Güter und 20.170 Metzen Getreide befördert wurden. Mit den Flößen sowie einer je nach Wasserstand noch bis zu zehn Festmetern betragenden Auflage dagegen deckte man weiterhin den Holzbedarf der Städte. Sie wurden an der Ennsmündung zu größeren Einheiten zusammengefaßt und fuhren donauabwärts bis Budapest.

Die dritte, bis in unsere Tage gebräuchliche Form des Transportes wurde die Bahn. 1872 eröffnet, brachte sie vorerst den Schiffsverkehr zum Erliegen, die Flößerei endete fast hundert Jahre später mit dem Bau der Ennskraftwerke. Und das Holz? Dieses, das nach wie vor einen bedeutenden wirtschaftlichen Faktor für diese Region bildet, fährt man seit damals mittels Lastkraftwagen auf der Straße.
 „Kurz vor der Mündung der Gaflenz in die Enns liegt am rechten Ennsufer der sogenannte Kasten, der auch der kleinen Ortschaft Kastenreith ihren Namen gab."[4] Als ich den zahlreichen Hinweisschildern folgend bald hinter Weyer zuerst nach rechts, dann geradeaus und schließlich schon unten am Fluß links bis direkt vor das Gebäude fahre, ist es Mittag. Zu früh, denn mein diesmaliger Gesprächspartner hat angekündigt, nicht vor 13 Uhr zu kommen – also ist das Tor noch versperrt, ich habe Zeit, mich umzuschauen, das eine oder andere auf mich wirken zu lassen. Auch, erst kürzlich in Erfahrung Gebrachtes in Gedanken noch einmal durchzugehen.

Ständige Ausstellung von Arbeiten des Kunstschmiedes Walter Sieghartsleitner aus Großraming

Erstmalig in einer Urkunde aus dem Jahr 1373 genannt, gibt es über die eigentliche Erbauungszeit keine Unterlagen. Vielleicht hundert, vielleicht noch viele Jahre älter, war der ursprünglich dem Stift Garsten gehörende „Kasten an der Enns" jedoch nicht nur Speicher, sondern zu ihm gehörten auch eine Taverne, eine Herberge für die Schiffer und Flößer, Kanzleien zur Abwicklung der Geschäfte sowie Pferdeställe. Ging der eine Teil des Eisens zu den flußabwärts gelegenen Hämmern oder nach Steyr, wurde der andere auf Fuhrwerke verladen und erreichte über Waidhofen die Täler der Großen und Kleinen Ybbs.

Zum Unterschied von jenen Bauten in Großreifling oder Weyer, welche hauptsächlich der Lagerung von Lebensmitteln und Getreide dienten, nahm von hier größtenteils Material für die Schmiede, aber auch bereits fertige Ware aus den umliegenden Werkstätten ihren Weg zu den Kunden: Der Kasten war über Jahrhunderte zu einem der wichtigsten Umschlagplätze in der Eisenwurzen geworden. Daß auch Maut entrichtet werden mußte und ebenso fallweise sogenannte „Venedigergüter", also etwa Öl, Feigen, Mandeln, Oliven, Zitronen, Orangen, orientalische Gewürze sowie venezianisches Glas, aber auch Salz, Leder, Wein und Krämerwaren verfrachtet wurden, geht aus einer Aufzeichnung aus dem Jahre 1466 hervor. Auf jeden Fall herrschte ab der Mitte des 16. Jahrhunderts ein reger Verkehr auf der Enns, selbst Fahrgäste nützten die Möglichkeit, von hier auf Schiffen nach Steyr und am übernächsten Tag wieder zurück nach Kastenreith zu kommen.

Weil die Sonne sich nun endgültig hinter einem der nahen Berge versteckt, steige ich aus dem Auto und gehe in Richtung Taverne. Auf das langgestreckte, gleichsam ineinandergeschobene, mit einem hohen Dach versehene Gebäude fallen bereits die Schatten, und in der Einfahrt liegt Schnee. Viele der Fenster sind unterschiedlich groß, haben alte geschmiedete Gitter – einige, mehr breit als hoch, besitzen in der Mitte kleine Säulchen. Ein Bild zeigt den Kasten, am linken Ufer eine bergwärts fahrende, mit Proviant beladene und von vier Pferden gezogene Zille, an der Lände eine zweite sowie eine auf der Gegenfahrt befindliche dritte. Von oberhalb grüßt der hl. Nikolaus als Patron der Schiffer und Flößer, unterhalb bestätigt der Auftraggeber und „Wirt am Kasten" Adam Steiner, daß er es 1699 malen ließ. Über zwanzig Namen sind allein von 1479 bis 1794 erwähnt. So fiel das Haus samt allen Rechten nach dem Aussterben der Forster, die um 1500 hier seßhaft waren, wieder an das Stift Garsten zurück. Dann waren die Salzmaister, die Puechleuthner, die Eigentümer. Georg Sutor, Wolf Schönthan, Tobias Fuchs saßen hier, auch Georg, einer aus dem angesehenen Geschlecht derer von Pantz, trug sich ab 1658 als Besitzer ein, bis nach einigen weiteren Wechseln – wobei 1750 ein Urban Wedl als Schiffsmeister zugleich auch der erste Postmeister am Kasten gewesen sein dürfte – die Quellen plötzlich versiegen. Schließlich beschleunigen Wirtschaftskrisen, die Errichtung der Bahn und damit die Verlagerung des Transports auf die Schiene sein Schicksal. Als jedenfalls im Jahre 1961 die Ennskraftwerke das Haus erwerben, ist es vom Verfall bedroht. Und hätten nicht diese

Flößerstandbild mit Blick auf Taborturm, Michaelerkirche und Bürgerspital in Steyr

sowie das Land und einige Idealisten damals gehandelt, jemand wie ich, der neben der Vergangenheit auch das Heute dokumentieren will, wäre hier wohl fehl am Platz gewesen.

Einer der letzteren ist der von mir erwartete Hans Harrer. Gerade während ich neben der Einfahrt noch die beeindruckende Höhe der vermerkten Hochwässer studiere, ist das Geräusch eines Fahrzeugs hörbar. Ein Blick auf die Uhr läßt mich zurück an die Straße treten, dann aber, als ich seine große hagere Gestalt tatsächlich sehe, durch das Tor hinauf und ihm entgegengehen. Ob ein Besucher zu dieser Jahreszeit nicht etwas ganz Ungewöhnliches wäre?

Nicht wirklich, meint er lachend. Denn, weil schon früher, trotz des kaiserlichen Doppeladlers und Spruches an der Tür, Eindringlinge kaum abgewehrt werden konnten, sei man für größere Besuche immer gerüstet. In meiner Sache hätte er die Schlüssel aber auch so problemlos bekommen.

Im Inneren aufflammende Lichter, Räume zu beiden Seiten, Türen, Stiegen – was eben noch von draußen so abweisend schien, wird von der ersten Minute an zum Erlebnis. Ist es die Natur-, die Kultur- oder die Wirtschaftsgeschichte des Ennsraumes, deren Darstellung anhand unzähliger Objekte, Bilder und Pläne insgesamt beeindruckt, fesselt mich speziell das Thema Wasser und Verkehr. Sei es das in lebensgroßer Aufmachung förmlich in den Raum dringende Floß, der darauf stehende Flößer, die jahrhundertealten, von Schiffzügen stammenden Seilspuren auf dem „Treidelstein" oder die Fahne der Flößerzunft. Wahrscheinlich zu sehr, denn, so mein mich sanft weiter drängender Begleiter: Ab Mai, wenn das Museum wieder öffnet, könne ich davor stehen so lange ich wolle. Jetzt allerdings, wegen der hier spürbaren Kälte, ginge er doch lieber nach oben. Dort, im Depot, sei es zwar nicht aufgeräumt, zum Sitzen aber immer noch gemütlicher.

Wieder Stufen, Treppen, verwinkeltes Mauerwerk. Dann, zur Hälfte zwischen erstem Stock und Dachboden, besagte Kammer. Fahnenbänder, Schachteln, alte Fotos, Rahmen. Während er noch Dinge auf dem Tisch ein wenig ordnet, trete ich an das nach hinten gehende Fenster, wende mich jedoch, als ich lediglich mit Eis überzogenen Fels vor mir habe, wieder ab und der doch angenehmeren Atmosphäre des Raumes zu.

Noch während ich ein den Bau des Kraftwerkes Kastenreith zeigendes Bild betrachte, weist Harrer auf einen Stuhl. Wolle man wirklich die ganze Geschichte erzählen, beginnt er, könne man wohl nicht umhin, des 1950 verstorbenen Steyrer Mathematikprofessors, Sportpioniers und Mundartdichters Gregor Goldbacher zu gedenken, der den „Fletzern" so manches Gedicht gewidmet und die Liebe dazu an seinen Sohn[5] weitergegeben hat. Dieser, längst Hofrat sowie Chef der Ennsbauleitung Steyr, war selbst ein begeisterter Forscher und wurde, als 1961 die Ennskraftwerke den Kasten erwarben, auf dessen desolaten Zustand aufmerksam. Der Praktiker wußte, daß nur eine besondere neue Verwendung den endgültigen Verfall des Gebäudes aufhalten konnte. Er ging daher auf

Die gotische Fassade des früheren Gasthofes
„Zum goldenen Löwen" (Bummerlhaus) auf dem Stadtplatz in Steyr

Suche nach Mitstreitern, regte die Gründung eines Vereines an, und er, Harrer, sei es gewesen, den er bat, die Stelle des Kustos zu übernehmen.

Hier unterbreche ich ihn und möchte manches genauer wissen. Der auf seine eigene Beziehung zu solchen Dingen Angesprochene richtet sich auf, blickt nachdenklich zum Fenster und meint schließlich, daß das alles wohl auch in seiner Kindheit begründet sei ...

Aufgewachsen in Weyer, entdeckte er bereits sehr früh die Liebe zum Forst und zur Flößerei. Noch als Schüler an der Enns zu stehen und, weil sein Onkel Oberförster in Großraming war, dort beim Messen des gelieferten Holzes helfen zu dürfen, war ein Erlebnis. Das Ankommen der Pferdewägen, das Rollen der Stämme in das Wasser, das Schlagen der Nägel, der Klampfen, das Bohren der Löcher für die Sturl, das Einhängen geflochtener gedrehter Haselringe – des Wied – , schließlich das Anbringen der Ruder. Dann, nach der Übernahme durch den Floßmeister das Ablassen vom Ufer und Wenden des Floßes in die Flußrichtung, bis es immer kleiner wurde und schließlich hinter der ersten Biegung verschwand. Faszinierend für ihn, mit welcher Geschicklichkeit man das alles verrichtete, wie die Männer förmlich auf ihrer schwimmenden Insel tanzten, obwohl sie schwere, genagelte Bergschuhe mit Steigeisen an den Füßen hatten. Unvergeßlich für ihn. Wie wenn es gestern gewesen wäre, schwärmt der heute Achtzigjährige.

Und dann? Ja dann, meint Harrer, kam der Beruf, der Krieg und die erste, wenn auch noch lose Beziehung zu Kastenreith. Am dortigen Einbindeplatz wieder das Auslängen der Stämme mit dem Holzmeßzirkel, das Kennzeichnen mittels Nummern- und Revierschlägel, wieder das Eintragen in Listen, alles wieder, wie schon damals als Kind.

Er konnte also gar nicht ablehnen. Spürte hier etwas wachsen, das auch seinem Verständnis von Heimat entsprach. Nur, außer einer Truhe war nichts da. Die Flößer waren arm gewesen. Wie also ein Handwerk präsentieren, dessen augenscheinlichste Eigenschaft der Mut und nicht das Sammeln von Schätzen war? Dennoch, besagter Hofrat bestand auf seinem Traum, bot auch gleich jeglichen Einfluß in Richtung Landesregierung auf, und die Arbeit, so mühsam sie auch schien, begann.

Kaum, daß aus dem Innern des Kastens der Schutt entfernt, das Dach repariert, Stiegen, Türen sowie Böden halbwegs saniert waren, ging man vorerst an die Schaffung von Firmenunterkünften und einer Baukanzlei für das zu errichtende Kraftwerk. Sobald dieses jedoch fertiggestellt war, wurde von der Kulturabteilung des Landes eine wissenschaftliche sowie eine technisch-künstlerische Leitung ernannt, es trafen Bildhauer, Modellbauer und Kostümfigurenbildner ein, vier andere Weyrer[6] sowie er, Harrer, bildeten ein Proponentenkomitee, und 1970 war das Jahr der Gründung des Vereines „Flößermuseum Kastenreith".

Dennoch, was die – das Tiefgeschoß und die Gänge mit eingeschlossen – zehn Schauräume einst füllen sollte, blieb vorerst ein Problem. Die Themen Eisen, Enns und Flößer wurden daher um solche aus der Naturkunde, der Archäologie, der Geschichte von Weyer,

Grünmarkt Nr. 26. Ehemaliger Getreidespeicher der Innerberger Hauptgewerkschaft. Heute das Steyrer Stadtmuseum

der Volkskultur und der Wirtschaft des Ennstales erweitert. Als Glücksfall erwies sich dabei die Mitarbeit eines Linzer Sammlers[7], der sein seit vierzig Jahren in der Umgebung zusammengetragenes, besonders aus der Jungsteinzeit stammendes Grabungsmaterial zur Gänze zur Verfügung stellte, während die Aufbringung der noch immer enorm großen Zahl weiterer benötigter Exponate lokalen Bemühungen vorbehalten blieb.

Hier die richtigen Leute zu kennen, ist Goldes wert, meint er, nimmt wegen eines seit geraumer Zeit vom Fenster her auch mir immer unangenehmer werdenden Luftzuges seinen Stuhl und stellt ihn in die gegenüberliegende Ecke. Sein Gesicht, seine Hände – hätte ich nicht schon lange um seine besonderen Fähigkeiten gewußt, ich würde auch so den Zeichner, den Maler, den Künstler vermuten. Seine Liebe zur Feder, zur Farbe, zur Form, alles Dinge, die ihm halfen, als es galt, auch eigene Ideen zu haben, erwähnt er fast selbstverständlich. Auch, daß mehrere Themen von Dioramen und deren Bilder im Hintergrund sowie alles, was aus Holz erst an Ort und Stelle gefertigt wurde, von ihm sei. Dennoch, ohne die Mithilfe anderer wäre auch er auf verlorenem Posten gestanden, das wisse er nur zu genau.

Dann, am 8. Juni 1974, war es soweit. Spender, private und andere Leihgeber sowie Schaugegenstände der verschiedensten Art füllten das Haus, die Fahnen flatterten im Wind, flotte Musik spielte, und die Prominenz gab sich ein Stelldichein – das Flößermuseum und die angeschlossene, neu adaptierte Taverne wurden eröffnet. Wie es ihm da ergangen sei, will ich wissen. Was er empfunden habe, als alles soweit war?

Harrer, jetzt schon den Mantel umgelegt und offensichtlich müde, läßt sich mit der Antwort Zeit. Erst draußen, bereits wieder auf den Stufen, den Treppen, unter dem verwinkelten Mauerwerk, spricht der heutige Konsulent und vom Land Oberösterreich in Anerkennung seiner Verdienste längst Geehrte von Dankbarkeit, bereits ganz am Anfang dabeigewesen zu sein. Auch, daß er es nochmals machen würde, sicher einiges anders, aber mit derselben Freude.

Als wir ins Freie treten, liegt frischer Schnee. Wieder treibt Eis auf dem Wasser, zwei Enten schwimmen ans Ufer, vorne neben dem neuen Hammergebäude schlägt eine Autotür zu. Nur ich gehe noch einmal die kurze Strecke bis zu den Resten der alten Römerstraße, kehre um und werfe einen letzten Blick zurück auf die Enns. – Ein großes und sicher letztes Anliegen von ihm wäre noch der sogenannte „Flößerfriedhof", hat er zum Abschied gesagt. Vielleicht Kreuze aufzustellen, dort, wo wegen der scharfen Biegung des Flusses so mancher Ertrunkene geborgen und schließlich zu Hause doch noch ein trockenes Grab gefunden hat. Vielleicht auch eine Tafel, so daß neben all den ausgestellten, die Natur, die Geschichte und das Leben an der Enns zeigenden Dingen auch etwas an den Tod erinnert.

Ich denke lange noch an seine Worte, während es erneut zu schneien beginnt und ich den Gaflenzbach hinauf nach Weyer, wieder am Heiligenstein vorbei, in Richtung Heimat fahre ...

*Kaiserlicher Doppeladler aus Schmiedeeisen.
Detail an der Vorderfront des Innerberger Stadels*

War es meine anfängliche Absicht gewesen, über Speicherbauten an der Enns nur von ihrem Äußeren und ihrer derzeitigen Verwendung her zu berichten, wurden daraus bald so etwas wie Lebensbilder – von Menschen, die solchen scheinbar nutzlos gewordenen Objekten entweder einst eine neue Funktion verliehen oder sie überhaupt vor dem drohenden Verfall bewahrt hatten.

Als letzten nahm ich mir den Innerberger Stadel in Steyr vor. Freilich nur mehr seiner prächtigen Fassade, seines Inneren sowie seiner musealen Schätze wegen. Denn, obwohl zeitweise ebenso gefährdet[8], fehlten mir authentische Geschichten ähnlich jenen in Großreifling oder Kastenreith. Ihn zu beschreiben, war gleichfalls müßig – da existierten Stadtführer, Bücher, Fachliteratur. Also lasse ich mich eines Tages einfach treiben, packe statt meiner üblichen Utensilien nur mehr den Fotoapparat in die Tasche und breche in die Eisenmetropole auf.

Es ist tatsächlich Frühling geworden. Nicht wie in den Jahren zuvor mit plötzlich hereinbrechendem Föhn, mit Regen und einer Warmfront nach der anderen, sondern langsam, als hätten sie einiges gutzumachen gehabt, wecken diesmal blauer Himmel und Sonnenschein die schlafende Natur. Schon tragen Weiden selbst im Ybbstal ihre silbriggrauen Kätzchen, um Weistrach Birn- und Apfelbäume zartes Grün und, wie um tatsächlich Farbe in den jungen Lenz zu bringen, blüht in den Gärten Steyrs die Forsythie. – Auch die Enns fließt ruhig an der Stadt vorbei. Und wären da nicht die noch sichtbaren Spuren des vergangenen Jahrhunderthochwassers an den Wänden der Häuser auf dem nahen Kai gewesen, so hätte man zumindest als Fremder meinen können, sie täte es immer so.

Der Wind, die Brücke, die Schwäne – der eherne Flößer über dem Fluß. Lassen mich die ersteren doch raschen Schrittes ans andere Ufer trachten, habe ich für die majestätischen Vögel Zeit. – Eines hier, eines dort, während ich durch die Enge Gasse und dann über den Hauptplatz gehe, reihen sich die Bilder. Alte Innenhöfe, Arkaden, ehemalige Gaststätten, das Rathaus, das Bummerlhaus, sollte der Film nicht noch vor meinem eigentlichen Ziel zu Ende gehen, müßte ich mich beschränken. Doch dann läßt dieses meinem Wunsche freien Lauf, ich stehe vor besagtem Speicher, einem Doppelgiebelbau aus der Renaissance in seiner schönsten Form.

Sgraffiti, ein Fresko, schmiedeeiserne Stäbe in den Fenstern, Wasserspeier – darunter führt das rechteckig gerahmte Eingangstor ins Innere. Im Erdgeschoß Gewölbe, oben wieder ein großer, als Ausstellungsfläche genutzter Raum, von Stütz- und Tragebalken unterteilt. Stiegen, Stockwerke, alles, wie ich es mittlerweile kenne: von Weyer und seinem Innerberger Stadel, dessen riesiges Volumen 1998 den Hauptteil der Oberösterreichischen Landesausstellung barg, sowie vom Kasten in Großreifling und, weil eben nicht für Gleiches vorgesehen, in etwas anderer Form von dem in Kastenreith.

Wieder zurück an der Brücke, schaue ich noch einmal hinunter zum Fluß. Male mir aus, wie die nach stundenlanger Fahrt Angekommenen am Ufer ihre Flöße zerlegten. Höre

*Mächtige Holzkonstruktion im Inneren des Innerberger Stadels:
Zwei Säulenreihen tragen je einen Längsträger, auf denen die gesamte Tramlage
eines Stockwerks und das Gewicht der darüberliegenden Geschoße ruht*

Stimmen, Schläge auf Holz, auf Metall. Vernehme Rufe, Kommandos. Das Schleifen an Land gezogener Stämme, die Tritte von Pferden und kurz darauf das Geräusch wegrollender Wagen. Weiß, daß die Flößer nach getaner Arbeit nun bald auf dem Heimweg sind, zu Fuß, mit der Bahn, zu ihren Familien.

Als die Schatten kommen, die Nebel, und es dämmrig geworden ist, mache ich es wie sie. Ich beende meine Reise am Wasser, an Menschen, an Häusern vorbei, an Zeiten. Kehre die gleiche Strecke von der Enns an die Ybbs zurück und bin bei Einbruch der Nacht bei den Meinen.

---

[1] *Siehe auch B. SONNLEITNER: Herrenhäuser in der Eisenwurzen, S.170–185; Wien – St. Pölten – Linz 2002*

[2] *In Anlehnung an das gleichnamige, nördlich von Upsala gelegene schwedische Forstmuseum und mit dessen Genehmigung so genannt.*

[3] *DALL-ASEN, WALTER: Das Epitaph auf der Rückseite der Landler Pfarrkirchenmauer (Maschinschrift o. J.)*

[4] *GAMSJÄGER, MAX: Der Kasten an der Enns und seine Bedeutung – Zitat (Siehe Literaturangaben.)*

[5] *HR Dipl.-Ing. Hermann Goldbacher (†)*

[6] *MR Dr. Hans Wawra (†), Mag. Lothar Russegger (†), Peter Aigner (†), AR Ernst Reichmayr, Ing. Hans Harrer*

[7] *Konsulent Prof. David Mitterkalkgruber (†)*

[8] *Seit 1628 in städtischem Besitz, erfuhr dieses Bauwerk in den späteren Jahrhunderten ein wechselvolles Schicksal. Zuletzt verhinderte der berühmte Stahlschnittmeister Michael Blümelhuber (1865–1936) die Realisierung des Planes, den Innerberger Stadel zugunsten der Errichtung eines Postamtes zu schleifen.*

Schmiedeeiserner Kandelaber mit Laterne am Haus Steyr, Enge Gasse Nr. 29

LITERATUR

BRUNNTHALER, ADOLF: Die Wiedertäufer. In: „Land der Hämmer, Heimat Eisenwurzen", Katalog zur Oberösterreichischen Landesausstellung 1998, S. 171 ff. – EBERHART, HELMUT: Eröffnung des Heimat- und Pfarrmuseums Wildalpen. In: „Da schau her", Beiträge aus dem Kulturleben des Bezirkes Liezen, Heft 2/83 – GAMSJÄGER, MAX: Der Kasten an der Enns und seine Bedeutung. In: Österreichische Zeitschrift für Elektrizitätswirtschaft, 23. Jg., Heft 5/70 – GRABNER, ADOLF: Geschichte der Gemeinde Wildalpen, 2. Aufl., Wildalpen 1986 – HEITZMANN, WOLFGANG (Hg.): Die Eisenstraße, Landschaft und Geschichte, Alltag und Freizeit; Linz 1987, S. 21–29, 30 u. 215 – JONTES, LISELOTTE: Männer des steirischen Eisenwesens, Hans Gasteiger (1499?–1577) In: Erz und Eisen in der Grünen Mark, Beitragsband zur steirischen Landesausstellung 1984, S. 484 f. – LIPP, FRANZ C.: Das neue Ennsmuseum in Kastenreith bei Weyer. In: Oberösterreichischer Kulturbericht, Folge 18, vom 30. August 1974 – LUTZ, VOLKER: Das Steyrer Heimathaus als zentrales österreichisches Eisenmuseum. In: Kulturzeitschrift Oberösterreich, 29. Jg., Heft 4/79, S. 33–37.

Auf dem Gipfel der 1.770 Meter hohen Stumpfmauer

DIE EISENSTRASSEN

Scheinbar brauchen gute Dinge wirklich Weile. Erst die schon jahrelangen Bemühungen der drei Vereine in Niederösterreich, Oberösterreich sowie der Steiermark bis zur Gründung einer Österreichischen Eisenstraße. Im August 2001 in Vordernberg endlich die konstituierende Sitzung – dann, als es am 8. September 2001 doch soweit ist, sich am Erzberg die drei Landeshauptleute samt einer großen Zahl von Interessierten einfinden, Musikkapellen aufspielen, Hymnen erklingen und dieser Akt tatsächlich feierlich vollzogen wird, eine weitere Hürde: Die durch schlechtes Wetter verhinderte Absicht, das Ganze eine Woche darauf mit der Enthüllung einer Skulptur am Dreiländereck zu beschließen.

Regen hat eingesetzt. Die nächsten Tage kommt das Vieh von den Almen, die Nebel ziehen auf, und gerade rechtzeitig, um nicht doch einige Unentwegte auf die Gipfel der Voralpe zu locken, wird die Veranstaltung abgesagt. Trotzdem, es kann bereits zu Treffen geladen werden, ein vorläufiges Programm wird erstellt und die Vorsitzführung innerhalb der Arbeitsgruppe erstmals von der Steiermark übernommen.

Gut neun Monate später liegt die zweite Einladung auf dem Tisch. Farbenprächtig auf Vorder- und Rückseite, auf einem Beiblatt wird das Organisatorische angekündigt: Zeit – Sonntag, 30. Juni 2002, 13:00 Uhr, Ort – eine ebene Fläche unterhalb des Tanzbodens in 1.700 Metern Höhe, Wanderung ab Hollenstein und Altenmarkt in jeweils etwa drei Stunden sei möglich. Für die Auffahrt von niederösterreichischer Seite würde ein Shuttledienst den Weg verkürzen, vom Steirischen herauf wäre die Forststraße durch den Frenzgraben geöffnet, alles sei vorbereitet, und man hoffe nun diesmal auf Sonne. – Die Skulptur steht im Mittelpunkt. Nach einer Bergmesse soll sie gesegnet, durch die Künstler vorgestellt und, mit den drei Wappen geschmückt, zum Symbol künftiger Zusammenarbeit werden.

Den Mittelteil bildet eine Landkarte. Die Täler der Mur, der Enns, der Salza. An ihrem oberen Rand die Donau, im Westen die Krems sowie im Osten die Erlauf, sie zeigt das Gebiet der Eisenstraßen. Ob ich nicht nach langem wieder in alten Aufzeichnungen, in meinen Erinnerungen, in heute wahr gewordenen Träumen kramen sollte?

Opponitz, Ybbsitz und Waidhofen an der Ybbs fallen mir ein. Die niedergegangene Kleineisenindustrie, und da wie dort Versuche, an Baulichem zu retten, was noch möglich war. Meine ersten, Ende der achtziger Jahre begonnenen Kontakte zu Gleichgesinnten in Oberösterreich. Zu Mitgliedern des Montanhistorischen Vereines und deren Frage, ob es denn nicht auch bei uns so etwas gäbe wie eine Besinnung auf solche Werte. Die Anfang 1990 nach Eisenerz zum bereits mehrere Jahre bestehenden Verein „Steirische Eisenstraße"

*Offizieller Auftakt des Dreiländertreffens. Der Obmann des Vereines
Eisenstraße Oberösterreich, Bgm. Gottfried Schuh, begrüßt im Namen
seiner Amtskollegen Albin Zwanz aus der Steiermark (2.v. r.) sowie
HR Mag. Günther Grimm aus Niederösterreich (3.v. r.) die in
1.700 Meter Seehöhe auf dem Tanzboden versammelten Festgäste*

angetretene Erkundungsfahrt. Mit meinen Kindern: Es war sonst niemand da, der mich begleiten wollte.

Im Amtshaus der ehemaligen Berg-Direktion folgt die Ernüchterung. Ein bestens ausgestattetes Büro, zwei Geschäftsführer, mehrere Mitarbeiter – je näher ich den heimatlichen Gefilden wieder kam, desto mehr verließ mich der Mut. Doch dann das Interesse auch anderer niederösterreichischer Gemeinden. Die Erkenntnis, nur gemeinsam etwas erreichen zu können, die Bildung eines Proponentenkomitees und noch im September desselben Jahres die Gründung eines Vereins.

Die gleichen Sorgen, die gleichen Hoffnungen und fast zur selben Zeit der Aufbruch bei den westlichen Nachbarn. Auch in Steyr, in Steinbach oder in Losenstein gab es Menschen, die um ihre Wurzeln wußten. Denen vor allem die historische Eisenstraße nicht fremd geworden war – nicht nur, weil sie sich zum Leidwesen vieler nach wie vor ihren Weg durch manche Ortszentren bahnte. Deshalb, Name und Vereinszweck waren klar: Womit sich bereits die Steiermark identifizierte, sollte auch ihr künftiges Motto sein.

Und bei uns? War es nicht letztlich das Ziel, neben der Motivation der Bevölkerung sowie der Erhaltung alten Kulturgutes Menschen in die Region zu bringen – und da gab es nichts anderes als den harten, eher negativ besetzten, mehr Arbeit als Freizeitvergnügen vermittelnden Begriff einer „Eisenstraße"?

Heute sind solche Dinge vergessen. Auch das lange Hin und Her um ein gemeinsames Logo. Toleranz ist angesagt und wird über Grenzen hinweg praktiziert.

Während ich weiter Protokolle, Ergebnisse von Tagungen und Strategiekonzepte durchblättere, fallen mir Unterlagen über eine bereits bestehende Bayerische Eisenstraße und den geplanten, von der Toskana über Österreich, Deutschland, Frankreich und Belgien nach England mit Seitenlinien bis Südspanien bzw. über Ungarn, die Tschechei, Polen nach Skandinavien reichenden kontinentalen „Iron Trail" in die Hände. In ersterer die Kulturlandschaft der Oberpfalz prägende montangeschichtlich wertvolle Industriedenkmale, in letzterem die Beschreibung wichtiger Eisenzonen und das Modell einer künftigen Zusammenarbeit entlang dieser Strecke. Zeitpläne zur Realisierung des Projektes, notwendige Beschlüsse des Europarates, erste konkrete Maßnahmen ...

Ich lege die Einladung nun endgültig beiseite, ordne das sich inzwischen angesammelte Material und lehne mich zurück. „La Route Européenne du Fer"? Eine europäische Straße des Eisens? Von Nord nach Süd, von Ost nach West, zu Land und zu Wasser? Seine Geschichte, von den Etruskern, den Griechen, den Römern, den Habsburgern, bis in die Gegenwart?

Fast erschrocken, mich in allzu ferne Dinge zu verlieren, beende ich dieses Kapitel. Notiere endgültig den bewußten Termin und beschließe, zumindest auf der Voralpe dabei zu sein.

P. Laurentius Resch vom
Stift Seitenstetten bei der Bergmesse

Als ich an diesem Morgen gegen halb acht Uhr die Abkürzung von meinem Haus hinunter nach Ybbsitz nehme, liegt Tau auf den Gräsern. Noch ist es kalt, obwohl bereits die Sonne scheint und, wenn man den Wetterpropheten Glauben schenken darf, ein schöner Tag bevorsteht.

Am vereinbarten Ort wartet ein Auto, ein kurzer Gruß, dann gilt es lediglich noch, Schuhwerk und Rucksack zu verstauen – ich bin unterwegs ins Ybbstal. Einige Fahrzeuge kommen uns entgegen, wer die Strecke zu anderen Zeiten kennt, weiß, es ist Sonntag. Nur vereinzelt trachten Menschen in die Kirche, manche auch zur Arbeit oder wie wir auf den Berg. Wie das Ganze wohl verlaufen wird, ob es von Hollenstein aus viele sein werden, die den Aufstieg von Niederösterreich aus wagen?

Gleich darauf beschäftigen mich Dinge entlang der Straße, auf der auch hier das Eisen seine Spuren hinterließ: Die Bewegtheit und Färbigkeit des Rokoko – die strenge Form des Klassizismus an der Gittertür der Maria-Hilf-Kapelle. Die Stätten früherer Hammerherrn, der Weißenhofer, der Damisch, sowie das prächtige Stammhaus der Riess.

Ob er etwas anderes wisse, als daß sich dessen landläufige Bezeichnung „In der Tanzstatt" aus dem Keltischen herleiten läßt, auch beileibe nichts mit Fröhlichkeit zu tun habe, sondern von „tan" oder „tun" komme und eine ehemals befestigte Stelle bedeute?

Ein Kopfschütteln meines Begleiters ist das einzige, was ich bewirke. Dafür wirft er einen weiteren bewundernden Blick auf dessen Biedermeierfassade, auf die Fensterkörbe, und meint, daß alles so wie jetzt in der Morgensonne besonders eindrucksvoll sei.

Nach kurzer Fahrt das Herrenhaus „Schütt". Diesmal ist der Name leichter zu deuten, denn das Mündungsgebiet der Kleinen in die Große Ybbs legt nahe, in seiner Umgebung an ein ehemals durch Geröll, Geschiebe und Schutt gebildetes Gelände zu denken.

Die alten Bäume, die Gärten, der Park, auch hier ist noch jene Zeit zu spüren, als das Eisen die alles überragende Rolle spielte, der Werksbach vorbei am Hammer und der Mühle floß sowie von Weitem schon das Dröhnen der über die hölzerne Ybbsbrücke nahenden Fuhrwerke zu hören war. Als sich noch niemand für ihren Erhalt zuständig fühlte, obwohl Maut eingehoben wurde, über deren Höhe sich Ybbsitz und Waidhofen in endlosen Streitereien ergingen.

Nachdem die heutige, weiter flußaufwärts aus Stein gebaute Brücke schon wieder für Diskussionsstoff sorgt, ist die nächste, zeitgemäßere, im Gespräch. Und, daß das Haus, die alten Bäume, die Gärten und der Park hoffentlich auch dies überstehen werden.

Haben wir bisher die Sonne im Rücken gehabt, scheint sie uns nun geradewegs ins Gesicht. Erst noch breit, dann immer schmäler werdend, führt das Tal gegen Süden, drängt die Straße bald an den Berg, bald an den Fluß, zwingt sie unter Beton hindurch und läßt ihr erst nach Opponitz wieder freien Lauf.

Ofenberg, Ofenloch: Geschichtlich Interessierten als jener Teil bekannt, der Fuhrwerke, ob sie nun Eisen heraus oder Proviant hinein ins Steirische verfrachteten, zwang, von der Schütt am ostseitigen Ufer der Großen Ybbs entlang, dann durch das Schwarzenbachtal oder gleich über Ybbsitz und die Krippberge ihren Weg zu nehmen, bis um die Mitte des 19. Jahrhunderts der Fels gesprengt, die Strecke befahrbar gemacht und fünfzig Jahre später sogar für die Bahn geöffnet wurde.

Seeburg, Hohenlehen: Landwirtschaftliche Betriebe, Schulisches, Bäuerliches. Blühende Wiesen, bis zur Talsohle herabreichender Wald – ein Kormoran steht unbeweglich im ruhig dahinfließenden Wasser. – Knapp vor Hollenstein ein erster Blick auf den Gamsstein, dann, nachdem sie sich vorerst noch etwas versteckt gehalten hat, fast gleichzeitig mit dem Auftauchen der kleinen Bergkirche, die Voralpe. Ein Blick auf die Uhr – als wir vom Dorfplatz in Richtung Hammerbachtal einbiegen, schlägt es acht. Zwei Minuten noch bis zur Unterleiten, meine ich. Ob wir womöglich als Letzte noch den Bus verpassen? Dann sind wir für den nächsten die Ersten, lacht mein Begleiter, tritt trotzdem aufs Gaspedal und schafft es in der erwähnten Zeit.

Es ist das umgebaute Herrenhaus des ehemaligen Hopfenhammers, vor dem wir parken. Nur der erste Blick gilt der Fassade, den Fenstern, dem schönen geschmiedeten Gitter am Balkon, dann sind es die bereits in einem Fahrzeug Platz genommenen Personen, die sich bemerkbar machen. „Nur herein", wird uns bedeutet, und da man niemanden mehr erwartet, geht es bald darauf los.

In Richtung Klausbachtal hinein, dann wenig später nach links führt eine schmale Straße in der Nähe des Hofes Haberfeld vorbei nach oben. Möchte man, obwohl eine Tafel es verbietet, bis zum Bauernhaus Wenten noch mit dem eigenen Auto fahren, so wird der Weg ab jetzt jedoch steinig, windet sich in spitzen Kehren durch dichten Wald immer weiter aufwärts und erreicht schließlich einen Steig, der von hier auf die Stumpfmauer führt. Als der Bus hält, der Fahrer uns noch einen erlebnisreichen Tag wünscht, ist es halb neun. Womöglich sind wir gar die einzigen, welche die Voralpe von hier aus in Angriff nehmen? Auf jeden Fall werde er unten noch einmal warten, meint der Angesprochene, kurbelt das Fenster hinauf, wendet und läßt uns allein.

Erstmals tritt gegen Südosten zu ein breiter felsiger Bergrücken, der jenseits des Seeaubaches aufragende und die Landesgrenze zur Steiermark bildende Gamsstein, in den Vordergrund. Links davon der Scheibenberg, dazwischen der Sandgraben sowie im Nordosten der Königsberg. Es ist das Gebiet des im Vorjahr gegründeten Naturparks Eisenwurzen. Enge Schluchten, unberührte Wälder – zusammen mit den Ötscher Tormäuern und dem Waidhofner Buchenberg gehört es zu den drei im südwestlichsten Teil von Niederösterreich gelegenen Naturreservaten. Wie es wohl um die geplanten gemeinsamen Entwicklungsstrategien, um das neue Management stehe?

Segnung der Skulptur „3-Klang" mit den Wappen der Bundesländer NÖ, OÖ und Stmk.

Die Erzherzog-Johann-Musikkapelle Altenmarkt

Mein Begleiter, der es wissen müßte, hört mich nicht. Er, der mitverantwortlich für den Ablauf des Festes ist, hat nach den Problemen des Vorjahres offensichtlich andere Sorgen: Ob diesmal das Wetter halten wird? Wie viele Leute etwa jetzt schon von der steirischen Seite herauf unterwegs sind und ob alles wie besprochen vorbereitet ist?

Als ich ihn auf dem schmalen Weg nach einiger Zeit vorbeilasse, liegt es an ihm, das Tempo zu bestimmen. Steine, Wurzeln, vor allem aber die Steilheit machen jedoch auch dem Jüngeren zu schaffen. Links unten in einer Karmulde die Wentner Alm, darüber der Blick hinauf fast in den Himmel, rechter Hand stellenweise Sicht zurück zum Friesling, auf den Schneekogel und das Schmaleck. Nehmen die Stufen, teils aus Holz, teils in den Boden gehauen, gar kein Ende? Plötzlich eine fast ebene Wiese, eine kleine Felsgruppe, wir sind oben bei der „Steinernen Katz". Der Kopf, das Auge, die aufgemalten Barthaare, so wie ich das seltsame Gebilde vor Jahren das erste Mal gesehen habe, ist es noch da. Auch das herrliche Gefühl, sich mit dem Rücken anlehnen, die Füße weit ausstrecken, sich die Sonne ins Gesicht scheinen lassen zu können ...

Eine Viertelstunde später geht es vorerst durch Latschen, dann noch einmal mühsam einen Steig hinauf bis zum Kreuz. Irgend jemand hat bereits den Tag und den Anlaß unseres Kommens im Gipfelbuch verzeichnet, ich setze nur mehr Namen und Wohnort hinzu, dann flüchte ich mich zu den anderen an eine etwas unterhalb gelegene windgeschützte Stelle. Der Hochschwab, die Eisenerzer Alpen, das Gesäuse. Von den Haller Mauern über das Warscheneck bis zum Traunstein – waren uns bisher Ausblicke nach Süden und Westen versagt gewesen, jetzt bietet sich die ganze Schönheit heimatlicher Berge dar. Dennoch, auch Näherliegenderem gilt das Interesse. Was man am Rande eines großen Almbodens mit freiem Auge leicht als Rest eines vom Blitz gefällten Baumes ausmachen hätte können, ein in der Runde weitergereichtes Fernglas macht es deutlich: Wenn auch noch ein gutes Stück entfernt, es ist die besagte, seit dem Vorjahr auf ihren Festtag wartende Skulptur.
  Erleichterung spiegelt sich in den Gesichtern. Ob man wohl nicht auch dieses letzte Stück des Weges rasch hinter sich bringen sollte?

Beim Abstieg in die von hier noch nicht sichtbar gewesene Einsattelung, dem eigentlichen Dreiländereck, beneide ich einige uns begleitende Dohlen. Überhaupt alles, was fliegt. Denn aus dem vorhin noch vermuteten Spaziergang wird beinahe eine alpine Tour. An Halteseilen, über Schutt und Geröll geht es hinunter, ein Durchschlupf, die „Lucken", führt erstmals wieder in flacheres Gebiet, worauf der neuerliche Anstieg auf den Tanzboden erfolgt. Als zweiter Gipfel der Voralpe trägt er ebenso ein Kreuz, mißt etliche Höhenmeter weniger und ist von Menschen bereits so belagert, daß ich beschließe, gleich in Richtung Festplatz zu gehen.
  Unter einem Zelt bereitgestellte Speisen und Getränke, geschätzte dreihundert Besucher, und doch immer nervöser auf die Uhr blickende Organisatoren. Ehrengäste, Bürgermeister,

*Blick vom Gamsstein (1.774 Meter) auf das mächtige Massiv der Voralpe.
In der Senke zwischen den beiden Gipfeln der Dreiländerpunkt*

Obleute, auch die in gemeinsamer Arbeit für das Werk zuständigen Künstler sind versammelt. Eine erste Begrüßung, besorgte Fragen und die schließlich geäußerte Befürchtung, daß der für die Segnung der Metallskulptur eingeladene Priester sich womöglich geirrt habe und woanders hingegangen sei. Sollte sich denn diesmal wieder der Himmel verschließen, freilich auf eine ganz andere Art? Während die anwesenden Sänger weitere Minuten überbrücken und man bereits umdisponiert – der erlösende Moment: Pater Laurentius ist doch noch eingetroffen, hat zwar ein wenig die Zeit verfehlt, aber, Gott sei Dank, nicht den Berg.

Die Vorbereitungen sind rasch beendet, worauf die Nächststehenden an den Altar treten, die sich in weitem Umkreis Lagernden erheben und der Priester mit der Messe beginnt, in der er von der Schöpfung, der Natur sowie dem Erlebnis solcher Momente spricht. Und sollte eines meiner Bilder auch nur ein wenig von dieser Stimmung eingefangen haben, die Wirklichkeit war noch einmal so schön.

Als Pater Laurentius am Schluß vor die Skulptur tritt, diese segnet und mit Weihwasser besprengt, ist lediglich der offizielle Teil beendet. Jetzt wird gefeiert, die Musikanten spielen auf – ich treffe noch einige Bekannte, unterhalte mich, benütze später eine Fahrgelegenheit nach Altenmarkt hinab und bin gegen 18 Uhr zu Hause.

Dieser Tag bleibt unvergessen. Wie er am Morgen noch mit dem Tau an den Gräsern begonnen hatte, mich anschließend gewaltig ins Schwitzen brachte und mir nun den Höhepunkt bescherte. – Auch, wie er zu Ende gegangen ist: Im Gespräch mit einem Freund beim Hinabgehen von den Almen. Bei der Heimfahrt über diese Landschaft als mögliches künftiges Weltkulturerbe diskutierend und daß zumindest ich mir noch lange nicht vorstellen könne, von all dem zu lassen. „The World Heritage!" Ob sich einst auch dieser Traum erfüllen wird?

Von der UNESCO in die Liste der Ausgezeichneten aufgenommen zu werden, würde für die Eisenstraßen wohl die Krönung sein.

Geschmiedetes Landeswappen von Niederösterreich

LITERATUR

DÄHNE, REINHARD / ROSER, WOLFGANG: Die Bayerische Eisenstraße. In: Hefte zur Bayerischen Geschichte und Kultur, Bd. 5, München 1988 – EPPEL, FRANZ: Die Eisenwurzen, Land zwischen Enns, Erlauf und Eisenerz. Österreichische Kunstmonographie, 2. Aufl. S. 225/226, Salzburg 1968 – SONNLEITNER, BERTL: Vom Mut zu träumen. Maschinschrift, Ybbsitz 1992 und 1997 – SPERL, GERHARD: Gedanken zu einer Europäischen Eisenstraße. In: Res montanarum, Heft 2, Leoben 1991; Wege des Eisens, Die Europäische Eisenstraße – European Iron Trail (EIT). In: Österreichischer Kalender für Berg/Hütte/Energie, S. 28–68, Leoben 1993; Arbeitskreis „Europäische Eisenstraße". In: Bericht für die Generalversammlung des Montanhistorischen Vereins für Österreich am 30. Mai 1996, Leoben 1996 – TIPPELT, WERNER: Wanderführer Ybbstal und Ötscherland, S. 148 f., Steyr 1995.

Legende

1. **Fußwallfahrt nach Wildalpen**
2. **Ein Tag an der ehemaligen Proviantstraße**
3. **Mit den Deutschmeistern über den Dürrenstein**
4. **Durch das Prollingtal und die Noth nach Ybbsitz**
5. **Die Venedigerstraße – ein alter Verkehrsweg über den Pyhrn**
6. **Der Enns entlang**
7. **Die Eisenstraßen**

Die in den Kapiteln 1 und 7 beschriebenen Routen sind normale Wanderwege und können unter Bedachtnahme auf örtliche, zeitliche sowie witterungsbedingte Gegebenheiten gefahrlos begangen werden (*freitag & berndt* Wanderkarte 041 Hochschwab – Veitschalpe – Bruck/Mur 1:50.000 und 051 Eisenwurzen – Steyr – Waidhofen/Ybbs – Hochkar 1:50.000).

Für die Route im Kapitel 3 trifft dieses nur für die Abschnitte von Lunz am See bis zur Herrenalm und etwa ab der Linie Großer-, Mittlerer- und Vorderer Zellerhut bis Gußwerk zu. (*freitag & berndt* Wanderkarte 031 Ötscherland – Mariazell – Scheibbs – Lunzer See 1:50.000). Dazwischen ist sie unmarkiert und bis zur Oisklause nicht zugängig.

Der Verlauf der in den Kapiteln 2, 4, 5 und 6 geschilderten Routen entspricht im wesentlichen heutigen Straßenverbindungen, wobei Teilstrecken auch durch Radwege erschlossen sind.

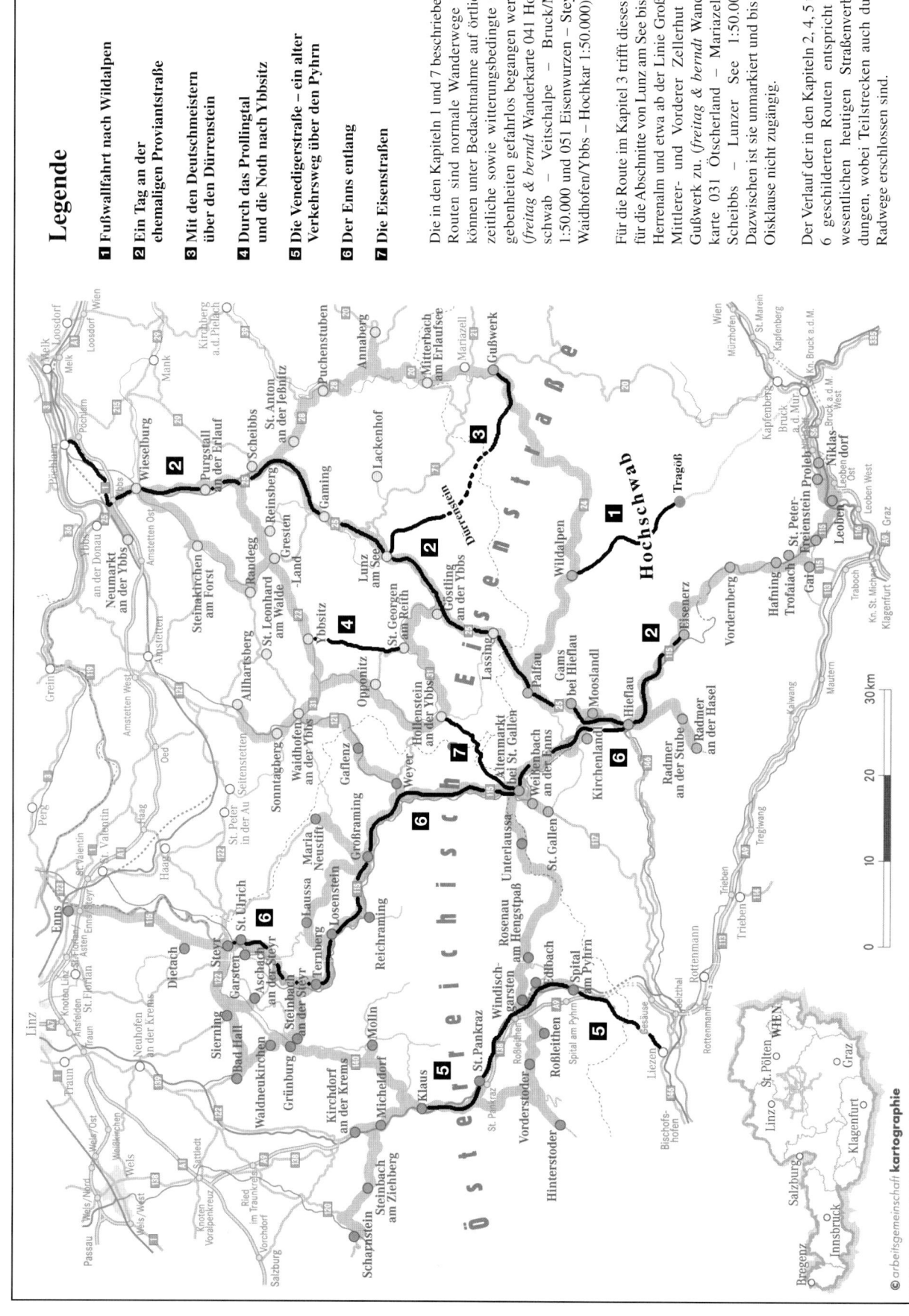